Cómo iniciar conversaciones casuales

Guía de consejos prácticos para superar la timidez y la ansiedad social de las relaciones personales. Mejora tus habilidades sociales y confía más en ti mismo

Gerard Shaw

© **Copyright Gerard Shaw 2020 – Todos los derechos reservados.**

El contenido de este libro no puede ser reproducido, duplicado o transmitido sin el permiso expreso escrito del autor o editor.

Bajo ninguna circunstancia directa o indirecta, el autor o editor serán responsables o culpables por daños, reparaciones o pérdidas monetarias derivadas de la información contenida en este libro. El lector es responsable de sus propias decisiones, acciones y resultados.

Aviso Legal

Este libro está protegido por los derechos de autor, y es solo para uso personal. Quedan prohibidas las modificaciones, distribuciones, usos, citas y parafraseo de extractos de contenido de este libro sin el permiso del autor o editor.

Aviso de Exención de Responsabilidad

Nótese que la información contenida en este documento, es únicamente concebida para usos educativos y de entretenimiento. Todo esfuerzo fue llevado a cabo con el propósito de presentar información completa, veraz, actualizada y confiable. No se pretende insinuar o asegurar garantías de ningún tipo. El lector reconoce que el autor no busca asesorar sobre materias legales, financieras, profesionales o médicas. El contenido de este libro proviene de diversas fuentes. Por favor consúltese a un profesional calificado antes de poner en práctica cualquiera de las técnicas descritas en este libro.

Al leer este documento, el lector acepta que bajo ninguna circunstancia el autor es responsable por pérdidas, ya sean directas o indirectas, que ocurran como resultado del uso de la información contenida en el documento; incluyendo, pero sin estar limitados a: errores, omisiones o imprecisiones.

REGALO GRATIS

Este libro incluye un folleto extra. Su descarga estará disponible por tiempo limitado. La información para asegurar la obtención de este regalo puede encontrarse al final de este libro.

ÍNDICE

INTRODUCCIÓN 1

CAPÍTULO UNO: 5
    ¿Qué es la charla casual?

CAPÍTULO DOS: 15
    Conquistando el miedo y la timidez

CAPÍTULO TRES: 27
    Comunicación no verbal. Protocolos sociales

CAPÍTULO CUATRO: 33
    Usando el lenguaje corporal en la charla casual

CAPÍTULO CINCO: 47
    Romper el hielo después del hola

CAPÍTULO SEIS: 61
    Guía de temas de charla casual

CAPÍTULO SIETE: 77
    Manteniendo la conversación

CAPÍTULO OCHO: 85
    Salida planeada - Abandonando con elegancia las charlas casuales

CAPÍTULO NUEVE: 95
    Creando conexiones genuinas con los demás

CAPÍTULO DIEZ: 105
    Dominando el arte de la charla casual
PALABRAS FINALES 113
REFERENCIAS 119
¡TU REGALO GRATIS ESTÁ AQUÍ! 121

INTRODUCCIÓN

¿Qué sigue después del "hola"?

Déjame adivinar cómo te sientes respecto a la charla casual: la odias. Dado que estás leyendo este libro, y si eres como yo, quiere decir que la charla casual no es exactamente tu acción favorita. Yo soy un tipo que ha lidiado con esto toda su vida. Sin embargo, te tengo buenas noticias: no estamos solos.

Algunas de las celebridades más exitosas tienen problemas con la charla trivial. Por ejemplo, la tenista profesional Naomi Osaka es una de ellas. Como ella, seguramente, te pones ansioso y evitas la socialización. Y eso está bien.

Está bien ser tan torpe como Naomi en lo que a charla casual se refiere. Lo que no está bien, es permanecer así para siempre. Tal como yo lo he hecho, tú debes conquistar tus miedos. Piensa en la charla casual como en una habilidad de vida que te dará grandes beneficios que no puedes permitirte perder. Esta habilidad es esencial para la construcción de amistades y relaciones. Por eso escribí este libro.

A diferencia de los libros llenos de trucos que, en realidad, no ofrecen nada de consejos prácticos, este libro es útil. Aquí no encontrarás *trucos*. Los consejos son *reales*, *aplicables* y *mejorarán tus habilidades comunicativas*.

Esto es lo que pienso al respecto: disfrutarás en el proceso.

Trata de recordar cuando eras más joven, piensa en aquellas cosas que lograbas sin esfuerzo alguno. A menudo hacías esas cosas por algo que podríamos llamar amor al arte. Si dejas a un lado el obstáculo pesado de la perfección y aprendes a disfrutar de la charla trivial, mejorarás sin lugar a dudas.

La verdad sea dicha, la charla trivial es importante. Es el primer paso hacia la mayoría de nuestras interacciones sociales. La charla casual es el primer escalón en una entrevista de trabajo, para formar una relación romántica, para lograr conexiones significativas o para tener conversaciones excepcionales con los demás. Si tu línea de trabajo está en las ventas, podrías lograr muchísimas más.

¡El mundo es todo conversación! Los humanos somos criaturas sociales. Todos deseamos conexiones y un sentido de pertenencia: siempre ha sido así.

Y a pesar de todo esto, el aislamiento y la soledad prevalecen en la sociedad actual. Una parte de este problema reside en que, aunque estamos tan interconectados, hemos perdido el arte de la charla casual. Si tú te sobrepones a este reto tan grande, disfrutarás del poder de la conexión humana real en un mundo interconectado.

Después de que leas este libro, es mi esperanza que superes este desafío. Sé que puedes hacerlo. Quizás ahora te animes a perseguir el trabajo de tus sueños o invitarás a salir a aquella persona que ha capturado tu atención.

Este libro fue diseñado para permitirte crear amistades más profundas y auténticas que sean valiosas para ti. Pero debes de estar dispuesto a trabajar duro y con determinación en la puesta en práctica de las ideas de este libro.

Por difícil que pueda parecerte el hablar con completos extraños, esto es exactamente lo que este libro te enseñará a hacer. Podrá ser doloroso, pero recuerda el dicho: "sin dolor, no hay ganancia" y, por supuesto, "la práctica hace al maestro". Fuera de clichés, esto es verdad. Volverse bueno en la charla casual conlleva mucha práctica y una pequeña dosis de dolor. No te preocupes. Estoy aquí para hacer que el proceso sea lo menos doloroso posible.

¿Eres tímido? ¿O socialmente torpe? Olvídalo y sigue leyendo.

No puedo resumirlo lo suficiente. Este libro te pedirá que hagas cosas. Deberás de hacer determinadas acciones si es que deseas mejorar para tus charlas casuales. No hay atajos, los trucos no funcionarán.

Entonces, ¿qué sigue después del "hola"?

Este libro incluye un folleto GRATIS para el dominio de una técnica excelente que mejorará tu tranquilidad y tu nivel de confianza diaria. Al final de este libro encontrarás las instrucciones para asegurar hoy mismo tu copia.

CAPÍTULO UNO:

¿Qué es la charla casual?

Empecemos nuestra exploración dejando claras las raíces de nuestro discurso: la definición de "charla casual". Simplifiquémoslo con una simple pregunta: ¿qué es la charla casual?

La charla casual, es una conversación informal y ligera que es usada comúnmente cuando hablas con alguien que no conoces bien. La charla casual es también una manera para construir redes y conexiones con gente nueva en eventos sociales.

Quiero que te quede claro todo lo concerniente a la charla casual en cuanto termines de leer este libro, así que no dejemos ningún cabo suelto, ¿de acuerdo?

En este capítulo, te desmenuzaré hasta la más mínima partícula sobre los conceptos de la charla casual. También, llevarás a cabo un fascinante e importante ejercicio que requerirá que identifiques los errores en una muestra de charla casual y, que los corrijas.

Hasta aquí, nuestra definición de charla casual es casi... demasiado específica. En realidad, es más amplia puesto que vivimos en un mundo digital, la charla casual no se limita a interacciones cara a cara pues incluye también los mensajes instantáneos en las distintas plataformas digitales. Por ejemplo, cuando charlas por primera vez con alguien en la aplicación WhatsApp o cuando envías un correo de ventas o cuando te enfrascas en un chat en vivo con un representante de servicio al cliente. Todo esto, también es una charla casual.

Piensa en la charla casual como en una especie de ritual de vinculación y, una estrategia para gestionar la distancia interpersonal. Con solo un poco de discusión las personas pueden mantener con otros, un comportamiento positivo mientras se conectan con ellos gracias a un cálido acercamiento.

¿Eres un empleado? ¿Posees un negocio propio o eres un gerente? Aunque seas un estudiante, mientras estés rodeado por personas, necesitarás desarrollar tus habilidades para una charla casual. ¿Cómo te volviste amigo de tu mejor amigo? Debes de haberlo, haberla conocido por ahí. Probablemente se hayan mirado por unos momentos, hasta que uno de ustedes se acercó con charla casual.

Hoy disfrutas la compañía de tu amigo y de otras increíbles personas porque, en algún punto, uno de ustedes fue quien se acercó. Lo cierto es, que fuera de conexiones sociales, la relevancia de la habilidad para charlar de manera casual radica en que es el primer paso para establecer relaciones con los colegas.

La charla casual es el comienzo de conversaciones amigables y, hay un modo concreto de abordarla. Una razón de peso por la que las personas se dejan intimidar por la charla casual, es que no conocen el método apropiado para realizarla. No te preocupes ahora por tus resultados anteriores, estás aprendiendo de nuevo, y te volverás excelente en la charla casual, así que continúa leyendo.

Una cosa es segura, muchas de tus amistades no hubieran sucedido si el intento de charla casual hubiera fracasado. El enemigo de la charla casual es el silencio incómodo que sigue cuando algo sale mal, por ejemplo, cuando se toca un tema controversial. En otras palabras, debemos extender nuestra definición de charla casual, dejando en claro *qué no* hace parte de una charla casual.

Para tener éxito en una charla casual, debes familiarizarte con las palabras que son adecuadas en este contexto y, con aquellas que no lo son. No digo que debes memorizarte un guión, esto no es un examen. Más bien, se trata de que conozcas la etiqueta, el protocolo, de que practiques con intención, y así la charla casual provenga naturalmente a ti cuando converses con alguien.

Pequeños errores a tener en cuenta durante la charla casual

Veamos estos pequeños errores de la charla casual que debes evitar al hacer conversación casual.

Preguntar por aspectos locacionales, más allá de donde la conversación está tomando lugar.

Recuerda que la charla casual sucede en un evento o lugar nuevo, acabas de conocer a esta persona y no deberías cruzar tus límites hablándoles de otro lugar. Por ejemplo, si estás recogiendo a tu hijo de la escuela y te cruzas con otro padre mientras haces charla casual, deja los temas locacionales de conversación, en el entorno escolar.

Puedes cruzarte de nuevo con ese padre o toparte con él o ella en otro lugar; solo ahí, podrás expandir los temas de conversación. El objetivo de la charla casual es establecer amistades sin la presión de tener que divulgar información importante.

Si hablas por primera vez con alguien en la oficina, deja que las conversaciones giren en torno a los lugares de la oficina. Cuando tomas esta iniciativa evitas las pausas incómodas, mientras mantienes el control de la conversación.

Hablar de cuánto dinero gana la gente.

Dentro del entorno de la oficina, las personas siempre tienen curiosidad acerca de cuánto dinero ganan sus colegas, así que algunos tratan de obtener esa información, preguntando indirectamente por medio de la charla casual.

¡No lo hagas! Por lo menos no en una cultura estadounidense, en donde esto no es aceptable. Esta información puede ser personal. Evita el tema, por lo menos hasta que la amistad esté mejor cimentada. Aún si surge el tema, no te aventures a las preguntas personales sobre el salario de la otra persona.

Dar consejos que nadie pidió.

Este error ocurre con frecuencia. Después de que la persona con la que hablas dice algo, le das consejos o sugerencias sin que te lo haya pedido.

Por ejemplo, si la persona te hace un cumplido, diciéndote que te ves muy saludable y en forma, no respondas sugiriéndole que se anote a tu gimnasio porque sientes que él, ella, está un poco pasado de peso. Con este ejemplo, podrás notar en dónde radica la importancia de no ofrecer consejos inusuales o, hasta groseros para la otra persona.

Si te hacen algún cumplido durante la charla casual, agradece y continua con tu siguiente idea. Si la persona te pide consejo, entonces ofréceselo: en este caso, sé educado y ve al grano de la cuestión.

Seguir insistiendo en un tema de conversación, cuando la otra persona no está interesada.

Todos tenemos ese amigo que habla y habla de un mismo tema, incluso cuando no nos estamos involucrando. Este rasgo particular, es dañino para el flujo de la charla casual.

Si la persona con la que conversas ya no está interesada en el presente tema pasa a uno nuevo, ¡o termina la conversación! Ahora, el quid de la cuestión... ¿Cómo saber certeramente, si debes pasar a un nuevo tema?

Lo sabrás por las respuestas positivas de la persona. Si la persona estaba muy entusiasta cuando hablabas sobre el café, pero parece desinflarse cuando pasaste a hablarle de los muebles de la oficina, esa es la señal de que él/ella no quiere hablar sobre esto último. Lee entre líneas: si la persona, de repente, no puede ofrecerte más que un asentimiento, y te encuentras cerca del silencio incómodo, es hora de que hables de algo diferente.

No captar que la conversación está por terminarse.

Como descubrirás en una próxima muestra de charla casual que veremos más delante, muchas personas cometen el error de no darse por aludidos cuando la otra persona desea terminar con la conversación. Si una persona está muy ocupada, por ejemplo, o debe estar pronto en otro lugar, dará señales como golpecitos en el suelo con el pie, mirará la hora o se posicionará en dirección a la salida más próxima.

En otro capítulo futuro, abordaremos el lenguaje del cuerpo y la comunicación no verbal. Pero, antes de que lleguemos allí debes saber que cuando una persona quiera terminar con una conversación, adoptará ciertas señales que te permitirán entenderlo, y tú podrás dar por terminada en ese punto, la conversación.

Dar tu opinión sobre temas controversiales.

Dar tu opinión sobre un tema controversial puede ser una espada de doble filo. Si tú y la persona con la que hablas, comparten los mismos puntos de vista, los asuntos controversiales pueden ser una vía rápida para la amistad. Sin embargo, si esto no es así, y la otra persona tiene opiniones opuestas a las tuyas, más bien podrías generar una enemistad o una pelea. Es mejor si evitas temas controversiales como la política, hasta que no conozcas cómo se siente al respecto la otra persona.

Si alguien más insiste con la controversia, trata de guiar la conversación hacia derroteros menos peligrosos. De este modo, no darás una impresión equivocada.

Dar o preguntar información privada a las personas.

La información privada sobre tu vida o la de otros, no es idónea para la charla casual. Esto es así, especialmente cuando hablas con ellos por primera vez. ¿Acaso crees que estarán muriéndose de ganas por compartirte su información privada?

Así como tú no debes divulgar tu información, tampoco pongas a la otra persona en una posición incómoda preguntándole cosas íntimas. ¡Estamos hablando de una charla casual! No son interrogatorios, ni confesionario de secretos. Ten siempre presente la regla C.L.A.C: Charla Ligera, Amable y Corta.

Para asegurarnos de que hayamos captado bien todo lo que hemos aprendido hasta ahora, te daré un ejemplo de charla casual entre dos personas en una oficina.

Por favor presta mucha atención al flujo de palabras y nota como se comunican; ya discutiremos más delante qué es o no apropiado, con base al ejemplo.

Después de que identifiquemos juntos los errores, te mostraré con diferencias evidentes, cómo es que la conversación pudo haber fluido mucho mejor entre los dos protagonistas.

Muestra

Mujer: Hola.

Hombre: Hola. No te había visto por aquí. ¿Llevas mucho tiempo trabajando?

Mujer: No, solo unos pocos meses, en el departamento de Recursos Humanos.

Hombre: En tu posición, debes de ganar más dinero que yo. Yo pertenezco a Ventas.

Mujer: Ventas es muy emocionante.

Hombre: No está mal. Oye, luces como si necesitaras un café.

Mujer: Y que lo digas. Ha sido una semana muy agitada.

Hombre: ¡Ya lo creo! Por lo menos, se supone que será un fin de semana encantador.

Mujer: Sí, escuché que hará buen tiempo.

Hombre: Dime, ¿viste el juego de anoche?

Mujer: No, trabajé hasta tarde.

Hombre: Fue un buen juego, ganamos.

Mujer: No sé quién jugaba, no soy muy fanática de los deportes.

Hombre: ¡Jugaron los Chiefs! ¿Crees que lleguen hasta las finales?

Mujer: No estoy segura… Volveré ahora a mi escritorio.

Hombre: Hablando de escritorios, ¿qué opinas del mobiliario de las oficinas?

Mujer: Es hermoso, pero preferiría que me pagaran las horas extra.

Hombre: Creo que hoy me iré temprano a casa, por si nieva.

Mujer: Lo sé, no puedo creer que haga tanto frío. Con un poco de suerte, ya pronto será primavera.

Hombre: Ya quiero que llegue la primavera.

Mujer: ¡Yo también! ¡Mi divorcio por fin llegará a su solución definitiva!

Toma nota de las partes en las que la conversación se sintió forzada o incómoda. ¿Encontraste algunos de los errores que repasamos antes? Si no fue así, podrías releer esta pequeña muestra de charla casual para tratar de hallar y analizar estos errores. Mientras tanto, por ahora hagámoslo juntos:

El hombre dijo, "En tu posición, debes de ganar más dinero que yo", lo cual está mal en una charla casual, pues se supone que no debemos hablar de cuánto dinero gana la gente.

- Otro error sucedió cuando el hombre preguntó por el equipo de fútbol y las finales: continuó con el tema, incluso aunque la mujer no estaba interesada.
- ¿Viste cómo él continuó hablando sobre los escritorios, y no se dio por aludido cuando ella quiso terminar allí la conversación?
- La mujer también cometió un error de charla casual al mencionar que quería que le pagaran las horas extra. Dio su opinión sobre un tema controversial, lo que puede ser inapropiado.
- La mujer mencionó su divorcio. Un divorcio es información sensible, privada, que no debería compartirse en una charla casual.

Ya hemos identificado y analizado los errores, ¡te felicito! Ahora te mostraré exactamente, en la siguiente muestra, el mismo escenario de charla casual. Esta versión corregida, te ayudará sin duda a apreciar el valor de una charla casual bien ejecutada, y cómo podrás hacerlo tú mismo en cada oportunidad.

Muestra corregida

Mujer: Hola.

Hombre: Hola. No te había visto por aquí. ¿Llevas mucho tiempo trabajando?

Mujer: No, solo unos pocos meses, en el departamento de Recursos Humanos.

Hombre: Oh, por eso no te he visto entonces. Yo estoy en Ventas.

Mujer: Ventas parece un trabajo bastante emocionante.

Hombre: No está mal. Me vendría de perlas un café, ha sido una semana frenética.

Mujer: Sí, ha sido una semana pesada para mí también.

Hombre: ¡Ya lo creo! Por lo menos, se supone que será un fin de semana encantador.

Mujer: Sí, escuché que hará buen tiempo.

Hombre: Dime, ¿viste el juego de anoche?

Mujer: No, trabajé hasta tarde.

Hombre: Creo que hoy me iré temprano a casa, porque podría nevar. Será mejor que me vaya, ¡nos vemos mañana!

Mujer: ¡Nos vemos![1]

Este capítulo ha sido la base que te ha introducido al concepto básico de la charla casual. Todo lo que aprenderemos de aquí en delante, se verá ligado a esta sección, así que mantén muy presente todo lo que hemos discutido hasta ahora.

¡Hay desafíos en la charla casual! Algunos de estos desafíos tienen su raíz en la personalidad y rasgos de comportamiento de cada individuo. En el próximo capítulo, aprenderemos más sobre estas problemáticas y cómo vencerlas.

[1]*Fragmentos de charla casual extraídos de English Club.com. Véase la lista de referencias para el link directo.

CAPÍTULO DOS:

Conquistando el miedo y la timidez

Muchos de nosotros tenemos miedo a las charlas casuales, especialmente los más introvertidos; debido a que piensan que son torpes, o que sienten que aburrirán al otro, o que no sabrán sobre qué hablar, estos últimos terminan preocupándose en exceso. Sin embargo, debido a que el mundo de hoy se basa en conexiones, evitar a la charla casual equivale a evitar a la gente. Las personas están por doquiera, por lo que es seguro que te toparás con ellas, y terminarás hablándoles. La creación de redes en los eventos, las fiestas, o simplemente desayunar en el trabajo, te proveerán siempre de oportunidades para conocer nuevas personas y tener un intercambio agradable de ocurrencias.

Entenderás que la charla casual no tiene por qué ser tan dolorosa como parece. Una vez que aprendas a superar los obstáculos que se te interponen en su ejecución, serás capaz de afinar tus habilidades para lograr las mejores impresiones en los demás.

El miedo y la timidez hacen que algunas personas se sientan inadecuadas a la hora de hacer charla casual. En este capítulo te daré algunas pautas de práctica con las que podrás hacer la más excelente charla casual. Primeramente, nos desharemos de los obstáculos particulares del miedo y la timidez. Descubrirás, asimismo, la importancia de la autoconfianza. Sabrás cómo tornar tu ansiedad en entusiasmo, y sabrás cómo enfocarte mejor en tu presente. Tómate una cucharadita de estoicismo para que puedas alcanzar este autodescubrimiento de ti mismo.

Si una persona tiene miedo cuando conversa con otra, significa que su autoconfianza brilla por su ausencia. Esta revelación debería motivarte a construir tu propia autoconfianza, a verla como una habilidad necesaria para llevar con éxito las charlas casuales Te advierto que hablaremos mucho sobre la confianza puesto que aquí es un factor decisivo.

¿Pero por qué es tan crucial la confianza?

¿Por qué es importante la confianza?

Tu nivel de confianza influye en tus pensamientos: puede impulsar hasta lo alto tu intento de charla casual, o derribarlo por tierra. Si no cuentas con la confianza necesaria para acercarte a hablar con alguien, si te da miedo la sola idea de hacerlo... Terminarás siendo un aburrido, justo como te lo temías.

Debes aceptar que eres una persona valiosa con muchas cosas emocionantes por decir. A veces, la raíz de una falta crónica de confianza reside en el sentimiento de no sentirse dignos.

Cuando sentimos que no valemos, tendemos a sentirnos menos seguros. Y es allí donde comienzan nuestros problemas.

Siempre ten esto presente: tus compañeros de la oficina, cualquiera que te rodee, buscan a alguien con quien puedan hablar un poco. Dicho esto, debes liberarte a ti mismo de esa presión que parece obligarte a tratar de impresionarlos a todos.

La confianza en uno mismo consiste en saber que tienes algo importante qué decir, y que puedes compartirlo de una manera articulada. Si la persona con la que conversas percibe que no estás cómodo, o que no estás en confianza, la charla podría terminar de una forma abrupta.

Así que, ¿cómo puedes contar con semejante confianza para las charlas casuales?

Interésate.

Para ser una persona interesante y segura de sí misma, debes involucrarte en lo que la persona está diciéndote. Debes darle importancia a los temas que los dos abordan. Esto no es solo una buena idea para construir tu confianza, sino que también es crucial para que logres una grandiosa charla casual. Además, al mostrar interés alimentas la confianza de tu compañero o compañera de charla. ¿Cómo puedes mostrarle tu interés? ¡Deja que tu naturaleza curiosa te domine! Podrías aprender una o dos cosas nuevas.

Deja que otros se identifiquen contigo.

Es muy importante que no monopolices la conversación. Esto significa que necesitas dejar que los demás se identifiquen contigo. La otra persona no debe sentir que solo la pastoreas por temas de conversación, sino que debe sentirse parte de la dinámica, saber que puede identificarse con lo que estás diciendo.

Si la persona menciona su preferencia por la vida saludable, podrías mostrarte de acuerdo con que el ejercicio juega un papel importante en la salud (o algo en la misma línea). Introduce tus observaciones, experiencias en el tema y, permanece en calma.

Haz preguntas.

No tienen por qué ser preguntas profundas que requieran un montón de reflexión. Haz preguntas simples, "¿cómo estuvo tu semana?", "¿estás disfrutando el evento?". Luego escucha la respuesta. No solo preguntes porque te sientas obligado a ello, ni ignores sus respuestas.

Para asegurarte de que la conversación continúa fluyendo, puedes hacer algunas preguntas conocidas como preguntas de seguimiento. Estas indican que estás escuchando a la persona. Si la persona expresa que no está disfrutando el evento, por ejemplo podrías soltar una risita para aligerar el ambiente, y preguntarle el porqué de su sentir.

Declárate presente.

Mostrarás un nivel más elevado de confianza si mientras conversas, estás 100% presente. Una sonrisa estaría genial, los brazos sin cruzar aún mejor. Evita mirar por encima de tu hombro, ya que da la impresión de que te aburres o de que quieres irte.

Más importante aún: durante la charla casual mantén las manos alejadas de tu teléfono móvil o de tus dispositivos electrónicos.

Usa la regla de los veinte segundos.

El Dr. Mark Goulston, psiquiatra clínico y experto de la comunicación, creó la regla de los veinte segundos. Esta regla es esencial para el éxito de las charlas casuales. El Dr. Goulston asegura que mientras hables, la otra persona sólo estará interesada por lo que digas durante los primeros veinte segundos.

Pasado ese tiempo la otra persona comenzará a perder el interés. Además, podría confundirte con alguien absorto en sí mismo. La práctica hace al maestro.

Convierte tu ansiedad en entusiasmo.

Piensa en la ansiedad y el miedo como en las caras de una misma moneda. Podrás tener la tentación de voltear esa moneda, o de dejarlo todo a la suerte. Sin embargo, ¿por qué no pensar en una estrategia distinta? Solo imagina que tú puedes elegir qué lado tienes.

Cuando estás ansioso o emocionado tu corazón late más rápido; experimentas respiración agitada, un leve temblor, palmas sudorosas y un sentimiento de tensión inusual. También puedes sentirte nervioso, distraído y, en ocasiones, insomne.

Hay similitudes entre los síntomas de ansiedad y los síntomas del entusiasmo. Así que, ¿por qué no inviertes la emoción negativa, a una emoción positiva? Cuando te sientas ansioso, date unas palabras de ánimo para emocionarte. Deja que esta acción anterior se convierta en tu acción reflejo cuando estés inquieto.

Sí, es posible que te condiciones a ti mismo para tornar en entusiasmo la ansiedad. Y es más fácil de lo que crees. Hasta ahora tu meta había sido permanecer en calma, la supresión de la ansiedad. Te servirá más si tomas toda esa energía y la transformas en algo más productivo.

¿Cómo lo lograrás? Quiero que este proceso sea lo más sencillo y natural que se pueda, así que me he dado a la tarea de crear una guía por pasos para que puedas lograrlo.

Paso Uno: Acepta tus emociones.

No trates de luchar contra la ansiedad que experimentas. Si estás nervioso, permítete manejarlo. Sí, podrás sentirte incómodo pero debes soportarlo, volverte consciente de tus sensaciones. ¿Cómo te sientes? ¿Estás inquieto? ¿Tiemblas? ¿Sudas? Acepta todas estas emociones y, entonces verás que no te sobrepasan.

Paso Dos: Deja de sabotearte.

Lo que sigue es dejar de ser tan duro contigo mismo. Terminarás bloqueándote si permites que los pensamientos de autosabotaje se hagan con el control, y rendirás muchísimo menos de tu potencial. Habrás notado que en tiempos críticos, durante una presentación por ejemplo, no dejaste de estar nervioso. En lugar de eso dejaste de decirte a ti mismo *"no puedo"*, y simplemente *lo hiciste*.

Paso Tres: Oblígate a emocionarte.

En este punto necesitas reorganizar tus emociones. Podrías hacerlo emocionándote. Reconoce tu sentimiento de entusiasmo, *no* de ansiedad (aquí es cuando eliges). Si te convences de lo emocionado que estás, entonces lo estarás.

Paso Cuatro: Visualiza una charla casual exitosa.

¡El rol de la visualización es crucial aquí! Imagínate haciendo con mucho éxito lo que estás a punto de hacer. Introduce elementos visibles, táctiles y sensibles de la conversación, y siéntelos en tu imaginación.

La mayor parte del tiempo obtendrás lo que envisiones en tu cabeza. Si imaginas una conversación fallida, eso es lo que tendrás. Si imaginas una charla casual exitosa, eso obtendrás. Dentro de unas expectativas razonables, claro está.

Enfócate en el presente

El presente es efímero, de allí la expresión "no hay tiempo como el ahora". Es por eso que debes sacarle todo el provecho posible. La confianza hará que te aferres al presente y, no te desgastarás preocupándote por lo que podría suceder en el futuro.

Esto suena justamente a lo contrario de mi consejo de la visualización y, en cierto sentido lo es pues estarías visualizando algo que puede o no pasar en el futuro. Sin embargo, el punto de estar en el presente no significa olvidarse del futuro. Después de todo tu objetivo es una charla casual exitosa. Más bien, la cuestión a la que me refiero es que en los momentos importantes, ya no estás soñando despierto. Estás allí, te encuentras presente.

El momento de la conversación es el que cuenta. Así que deja de anticiparte a lo que podría salir mal, de preguntarte si dirás la cosa incorrecta, si tartamudearás o si existe la posibilidad de que hagas algo con terribles consecuencias.

Los pensamientos destructivos solo sirven para un único propósito: desorientarte o llenarte de desconfianza hacia ti mismo.

Hagamos un pequeño ejercicio imaginativo de consciencia, ¿te parece? En este momento, imagina que no hay futuro ni pasado, solo el momento en el que te encuentras. Olvida las pasadas experiencias escolares, hogareñas, de tu infancia y la universidad, etc., y enfócate en tu ahora.

¿Cómo te sientes? ¿Te sientes limitado cuando no tienes preocupaciones pasadas? ¿Aún sientes esa presión, cuando no tienes qué hacer nada en tu futuro? Relájate, conéctate a tu presente y concéntrate ahora en ti mismo.

Dime, ¿qué sientes? Las respuestas pueden variar pero una cosa es segura: eres tu yo más auténtico. Dirías lo que quisieras y harías lo que deseas. ¡Serías libre! No habría futuro, consecuencias ni arrepentimientos. Tampoco tendrías que molestarte por crear buenas primeras impresiones.

Ahora, el ejercicio anterior representa una utopía imaginaria. Pero debí expresártelo para que imagines el alcance de la libertad que disfrutarás si te enfocas en tu presente. Las personas que son tímidas a menudo piensan demasiado, se preocupan por lo que la gente dirá de ellos después.

Necesitas dejar atrás todas las preocupaciones para ser libre, seguro y firme en el hecho de que lo harás bien. No olvides nunca que tal vez no tengas de nuevo la oportunidad de hacer charla casual con la misma persona. Cuando te encuentres con él o ella en el futuro, será una continuación de la primera charla e, inevitablemente ya no podrá llamársele otra vez como charla casual a la conversación que tengan.

Así que puedes relajarte y dar un paso a la vez. Concéntrate en practicar la charla casual en la oficina antes de pensar en la ceremonia de boda a la que tienes que acudir la semana entrante.

Llévalo paso a paso y lo harás genial. Otra manera de anclarte mejor a tu presente, es practicando la meditación de consciencia.

Conócete a ti mismo

Sí, ya es tiempo para algo de profundidad. Una manera grandiosa de conocerte a ti mismo es a través de la filosofía del estoicismo. Primeramente desarrollada en la Antigua Grecia en el año 300 a.C., más tarde el famoso emperador Marco Aurelio contribuyó con la aceptación de sus principios, a la popularidad de la que goza incluso hoy en día, y a la aplicación práctica de la teoría de dicha filosofía.

El estoicismo moderno enseña que la virtud es la felicidad. Que nuestro juicio debería basarse en los comportamientos y no en las palabras. Esta idea nos enseña que solo podemos confiar en nosotros mismos y no en los eventos externos. Lo que significa que cuando nos relacionamos con alguien más a través de la charla casual, debemos comprender que solo podemos controlar nuestra propia narrativa, y nada más. Este estoicismo moderno es una herramienta que podemos aplicar para ser mejores individuos que confían en su poder propio; que se distinguen en sus trabajos, relaciones interpersonales, e incluso comunicándose con extraños.

El estoicismo te anima a un proceso meditativo que permite te deshagas de sentimientos negativos, tornándolos en pensamientos que te concederán paz y una mejor perspectiva de vida. Esta idea filosófica contribuye a que mires hacia dentro y te preguntes sobre la vida. Así que, ¿cómo todas estas nociones se traducen a un conocimiento personal?

Bueno, cuando pasas tanto tiempo mirando a tu interior y obtienes respuestas a las situaciones a las que te enfrentas, te vuelves honesto contigo mismo. Aprendes cuál es tu forma de pensar, sobre los aspectos en los que debes trabajar, y cómo puedes relacionarte de una mejor manera con los demás (especialmente a través de la charla casual).

Para conocerte a ti mismo necesitas cerciorarte sobre el entorno en el que te desarrollas. Es crucial que seas capaz de adaptarte a cualquier situación social que se presente, pero es más esencial que te conozcas a ti mismo y sepas en dónde te sientes cómodo.

El estoicismo te ayudará con un mejor conocimiento de ti mismo. Estando en ese estado de autoconocimiento, sin que importe de qué tipo es tu carácter (introvertido o extrovertido), reconocerás cuáles son las situaciones que disfrutas. Cuando te inicies por ejemplo en la práctica de la charla casual, evita los lugares que pongan incómodo. Mejor quédate con los que resuenen naturalmente contigo.

¿Qué es lo que conoces de ti? ¿Te gustan las reuniones íntimas? ¿Las fiestas grandes? ¿Eres una persona extrovertida? Estas son preguntas que no puedo responder por ti. Son aquellas que te abrirán el camino para que te encuentres a ti mismo.

Si odias las reuniones concurridas o grandes, entonces tendrás mayores dificultades con la charla casual. Por otro lado, si disfrutas con las multitudes pequeñas, probablemente hablarás con todos antes de que la fiesta termine.

Te darás cuenta de que las dinámicas de la charla casual cambian según quién seas. Se basan en tus preferencias. Una persona introvertida preferirá practicar en un entorno más privado antes de lanzarse al ruedo.

La filosofía puede ser esa herramienta que te ayude, pero, la verdad sea dicha, en realidad no existe un manual universal de socialización. Recuerda que lo perfecto es enemigo de lo bueno, como bien dijo Voltaire. Practica lo que te funcione y mantén el ritmo mientras mejoras. Lo que el estoicismo hará por ti, será emocionarte por lo que haces porque te conoces bien. Solo tú sabes qué es lo que puedes lograr y cómo es que podrás estar listo para cualquier situación.

Cuando conozcas a una persona que no esté consciente de sí misma, que carezca de confianza, te darás cuenta de que al no estar segura, su conversación no refleja por completo su personalidad verdadera. No me gustaría que leyeras este libro e intentaras una charla casual con alguien sin estar cien por ciento seguro de ti mismo.

Practica el estoicismo, sé consciente y disfruta el proceso de tu autoconocimiento.

¿Por qué es mejor ser fiel a ti mismo?

El concepto de racionalidad e irracionalidad varía de persona a persona, lo mismo que la idea del bien y el mal. En esta afirmación radica una importante razón del por qué debemos aprender a ajustar cualquier noción preconcebida que tengamos sobre los ideales mencionados.

Debemos entender que podría ser útil si somos percibidos como malos por alguien más. Si conoces a alguien que ve tu bondad como maldad, ¿cambiarías acaso por ellos? ¿Podrías seguir siendo fiel a ti mismo a pesar de las diferencias de opiniones que se manifiestan en el mundo?

Para el éxito de las charlas casuales, a la par que luchas contra la ansiedad y el miedo, es necesaria la fidelidad al carácter propio. El mundo es muy diverso y es fácil para cualquiera la pérdida de la identidad. Especialmente si uno no se conoce a sí mismo.

Si estás en un evento social, sería muchísimo más fácil para ti el dejarte dominar por los miedos irracionales y las opiniones de los demás. Te sentirías como actuando un guión invisible; siguiendo patrones e instrucciones gracias a la presión, pues se espera de ti que te conformes y mantengas un código social específico.

Pero entre más te conozcas a ti mismo, más fácil será que te vuelvas tu propia brújula de acción. Valorarás tus convicciones y pensamiento. Los mantendrás en alta estima porque te pertenecen. Estarás cómodo cuando compartas tus ideas pues sabrás que dichos pensamientos no le pertenecen a nadie más.

¡Tu carácter es poderoso!

Tu carácter es una herramienta que te permite buscar aquello en lo que crees y ahondar en tus intereses, pues estos últimos son los factores que te distinguen de los demás. Dado que en las charlas casuales se trata de entablar conexiones auténticas, necesitarás confiar en ti. De allí el por qué es importante que te conozcas. Tus acciones y palabras deberían de reflejar quién eres.

Cuando inicias una discusión, ¿te sientes a ti mismo? ¿O sientes una presión por hablar de cierta manera para agradar a alguien más? ¿Cambias a menudo de opinión porque deseas amoldarte a la idea de otra persona?

Tus experiencias con la charla casual serán mil veces más sencillas cuando permanezcas fiel a tu identidad y carácter. Evitarás también las relaciones tóxicas, a las personas inadecuadas, los entornos perniciosos de trabajo, los amigos de conveniencia que te drenan la energía, y muchos otros males que afectan a las personas que no conocen su propio carácter.

Por favor ten en cuenta que este hallazgo no significa que tengas que embarcarte en un viaje de autodescubrimiento. Únicamente te pido que te preguntes aquellas cuestiones que te inspirarán en una oleada de consciencia profunda sobre ti mismo.

Todos los tipos de conversación están ligados a las conexiones. Pero el propósito de conectar con los otros se perderá si no te aferras a quién eres en este momento. Las personas con las que interactúes conocerán a un "tú diferente" todo el tiempo por culpa de un carácter inconsistente.

¿Recuerdas tu primera cita? Estoy seguro que estabas rebosante de una frívola emoción mientras aguardabas la llegada de tu cita. La razón de esta anticipación tuya, era que no podías contener el entusiasmo por averiguar más sobre esta persona.

Así como anticipaste el pasar tiempo con una persona extraña, así debe ser tu deseo por pasar tiempo contigo mismo. Si lo haces así, serás capaz de alinear tus intereses y de conocer la verdadera naturaleza de tu carácter. El conocer tu personalidad afilará tu seguridad, tu nivel de confianza, eliminará el miedo y te permitirá disfrutar de este proceso de conexión con los demás.

El miedo y la ansiedad paralizan sólo a aquellos que se han perdido a sí mismos en los demás. ¿Cómo puede arreglarse esto? Sal contigo a citas, conócete enfocado en el presente y transforma en entusiasmo tu ansiedad.

Este proceso de autodescubrimiento, la disipación de los miedos y el dominio de la autoconfianza, son determinantes en la charla casual. ¡Estamos progresando! En la siguiente sección aprenderás sobre el protocolo social y su relación con la charla casual.

CAPÍTULO TRES:

Comunicación no verbal. Protocolos sociales

Las personas libres de ansiedad y miedo, como ya lo hemos visto en el capítulo dos, no tendrán dificultades con esta sección. En este capítulo aprenderás sobre el concepto de protocolos sociales. Estos anteriores se relacionan estrechamente con el modelo de los Cuatro Lados, conocido también como el cuadrado de la comunicación o el modelo de las cuatro orejas.

Este capítulo te ayudará a que evites malentendidos. Los conceptos en este capítulo te mostrarán cómo puedes hablar de manera coherente para obtener resultados satisfactorios en tus charlas casuales.

Echemos un vistazo al modelo de comunicación desarrollado por el psicólogo alemán Friedemann Schulz von Thun, experto en las comunicaciones intrapersonales e interpersonales. Basándonos en su modelo, cada mensaje cuenta con cuatro partes esenciales que no son las mismas, y que deben considerarse de manera individual. Los cuatro aspectos del mensaje son: la información factual, intención, relación y autorevelación.

Entonces, ¿qué es relevante en los términos de la charla casual? Es simple. Aprender más acerca de la naturaleza de la comunicación te hará mucho mejor en ella. Entre más hábil seas con la comunicación, menos malentendidos tendrás.

Para que entendamos bien este modelo de cuatro lados, empecemos con las dos personas involucradas en la composición del mensaje:

1. Remitente

El remitente es la persona que inicia la conversación, es aquella que expresa un mensaje a la otra persona. Cuando dices algo que va dirigido a los oídos de otra persona, eres el remitente.

2. Receptor

El receptor es aquel que recibe el mensaje. Esta persona es quien escucha al remitente.

3. Mensaje

El tercer componente es el mensaje. Es el contenido real de lo que cada uno de los remitentes dice, son las palabras y el tono.

Cuando te involucras en una charla casual, los tres componentes estarán presentes. Pero el que seas capaz de evitar los malentendidos dependerá de tu habilidad para procesar los tres componentes al mismo tiempo. Muchos malentendidos provienen de un receptor que solo presta atención a uno de los elementos sin considerar los otros dos.

Los cuatro lados de la comunicación previamente mencionados te ayudarán a verlo todo durante la charla casual. Analicémoslos uno por uno:

Nivel de información factual

El primer nivel de comunicación del modelo de los cuatro lados es el nivel factual. Como sugiere su nombre, aquí se contienen los hechos intercambiados durante la comunicación: la información objetiva sin sesgo subjetivo. Por ejemplo, si yo te dijera "esa laptop cuesta seiscientos dólares", eso es un hecho. Es información simple.

Sin embargo, la información factual no siempre es comunicada de una manera tan simple. A veces el receptor infiere datos. Mucha de la información que suele ser malentendida, recuerda, va implícita. Toma como ejemplo la siguiente frase: "el trayecto no fue fácil, por eso tardé en llegar." Podemos interpretarla como "el tráfico es malo." ¿Lo es? ¿Es eso lo que quiso decir? No necesariamente. Aún con información factual, los malentendidos pueden ocurrir.

Nivel de autorevelación o autodivulgación

Durante la comunicación, el nivel de autorevelación se refiere a la información que el remitente revela o quiere revelar de manera implícita sobre sí mismo. Si por ejemplo, yo digo: "¿por qué te gusta la crema agria?", tú podrías inferir, dado mi tono de voz incrédulo, que a mí no me gusta la crema agria.

Es importante que tengas en cuenta que esto es una inferencia. No tiene por qué ser verdad. Esta información es distinta de la factual porque no es un hecho, sino una conjetura.

El nivel de relación

Cuando analizas la charla casual, a veces encontrarás información interesante que te dejará saber un poco más sobre la relación entre el remitente y el receptor (o entre tú y alguien más, según el caso). Cuando un remitente se dirige a un receptor, un elemento en el mensaje podría enviarle al receptor una pista concerniente a cómo se siente el primero respecto al segundo. En otras palabras, en el nivel de relación el receptor determina: "él o ella se sienten o piensan de este modo sobre mí."

Esta es otra inferencia basada en lo implícito, más que en la información explícita. Si yo digo "¿qué estás haciendo aquí?" a un amigo que se presentó de manera inesperada o sin invitación a una fiesta, él podría interpretarlo como "no le gusto. No somos buenos amigos." De nuevo, esto puede ser o no ser verdad.

El nivel de intención

En el nivel de intención el receptor trata de determinar: "¿qué es lo que el remitente quiere?" Te daré un ejemplo. Tu jefe dice: "si hubiéramos contado antes con estos reportes, podríamos haber reaccionado mejor." Tú podrías interpretarlo como que el jefe dice: "no se atrasen en la entrega de reportes."

Cada uno de los niveles anteriores puede ser malinterpretado tanto por el remitente como por el receptor. El propósito del mensaje y su significado puede ser diferente para cada uno. Cuando las personas entienden las cosas diferentes, también suelen reaccionar de maneras distintas.

Debajo te daré un ejemplo sobre cómo funciona el estilo de comunicación del modelo de los cuatro lados:

Durante una fiesta, dos personas se cruzan en el buffet. Uno de ellos es el catering, el otro es un invitado.

Remitente: "Esta pasta tiene proteínas."

La intención potencial de este mensaje, basándonos en los cuatro niveles, queda así:

Nivel factual: Hay proteína en la pasta.

Nivel de intención: ¡Dime qué clase de proteína!

Nivel de relación: Deberías saber la clase de proteína.

Nivel de autorevelación: No me gusta que mi pasta tenga proteínas.

La perspectiva/percepción de la intención vista desde el análisis del receptor (aquí el receptor es el catering):

Nivel factual: Hay proteína en la pasta.

Nivel de intención: No puedo cocinar lo que te gusta porque esto es una fiesta.

Nivel de relación: ¿Estás cuestionando mi comida?

Nivel de autorevelación: No sabes qué proteína es y eso te pone incómodo.

Este ejemplo de la pasta con proteína muestra lo fácil que es malentender los mensajes entre los remitentes y receptores. Existe la posibilidad real de malentendidos en la charla casual, por lo que es necesario que sepas relacionarte de una manera que una con claridad estos cuatro niveles.

El remitente siempre tiene una intención que estará oculta o implícita en el mensaje. La palabra tiene como propósito el transmitir este mensaje. El receptor, por otro lado, analiza la información oída, contrastándola contra sus creencias, experiencias y valores. Puedes pensar en este proceso de la siguiente manera:

Remitente: Intención = Verdad

Receptor: Percepción = Verdad

La verdad del remitente = La verdad del Receptor

Toma nota de que la verdad del receptor no tiene por qué ser la verdad del remitente. Este proceso ocurre con rapidez y es a menudo subconsciente. Algunas personas cuentan con un canal por defecto, a través del cual envían y reciben mensajes. Este canal se verá influenciado por experiencias pasadas, el sistema de creencias, etc.

Para evitarte malentendidos en tus charlas casuales, debes conocer al dedillo el modelo de comunicación de los cuatro lados. Te repito que la única manera de que funcione con éxito, es a través de una práctica intencional y persistente. ¿Cómo puedes practicar para que tu comunicación mejore?

Desde el punto de vista de remitente y receptor, te mostraré cómo es que puedes llevar mejor una situación de charla casual. Puedes practicar con ambas situaciones hasta que lo entiendas bien.

Comienza primero con la fase inicial de la comunicación: *pensar*. Si eres el remitente, por favor ten claro lo que estás diciendo y cuál es tu intención al decirlo. ¿Qué información pretendes enviar? Si eres el receptor, escucha atentamente la información que tu compañero está comunicándote y distingue de qué formas diferentes podría entenderse dicho mensaje.

Después, como remitente, debes asegurarte de que tus intenciones sean explícitas y claras. Pregúntale al receptor qué es lo que ha escuchado, y qué es lo que ha entendido de la conversación, antes de proseguir.

Si eres remitente, pregunta si lo que entendiste es lo que el remitente quería decir. Podrías hacer preguntas como: "¿estás refiriéndote a...?" o "para que queda claro, ¿estás diciendo que...?"

Este ejercicio es útil para los cuatro aspectos de información que hemos estudiado. Si practicas muchas veces, te emocionarás al ver que tus mensajes se entienden como deben. A través de la práctica podrás progresar en el uso de este modelo comunicativo.

Que nos entendamos es vital para el éxito de las charlas casuales. Para poderlo hacer, como hemos analizado ya a fondo en este capítulo, es necesario que estemos al corriente de los diferentes aspectos del discurso. Ya conoces cómo funciona el modelo de los cuatro lados, y cómo es que puedes aprovecharlo para las charlas casuales.

¿Podemos proseguir con el emocionante paso a continuación? Asumiré que estás de acuerdo conmigo, así que ahora echemos un vistazo al rol de la comunicación no verbal. El siguiente capítulo se relaciona con las ideas expuestas en este capítulo que estás finalizando, pues la comunicación no verbal es importante cuando queremos entender a los demás.

CAPÍTULO CUATRO:

Usando el lenguaje corporal en la charla casual

La comunicación no verbal es tan vieja como el hombre mismo y, tan importante como lo es la comunicación verbal. ¿Por qué es que recibe menos atención que esta última? Mi corazonada me dice que somos criados para escuchar palabras, la expresión hablada, pero no para entender los mensajes presentes en el movimiento del cuerpo.

Este capítulo se enfocará en la comunicación no verbal como en una parte vital de la charla casual. Aprenderás a utilizar las señales no verbales a tu favor, a distinguir los mensajes presentes en las posiciones del cuerpo de las otras personas. ¡Pongámonos a ello!

¿Alguna vez has "dicho" algo sin haberlo verbalizado? Piensa en tu respuesta.

Si tu respuesta ha sido afirmativa, de seguro coincidirás conmigo en que la comunicación no verbal puede ser una manera más rápida y efectiva para enviar el mensaje. El apuntado, los gestos de las manos, los cabeceos, etc., ayudan a comunicar mensajes e incluso evitarían los malentendidos que ya vimos pueden ocurrir.

De acuerdo al profesor Mehrabian, la comunicación es 7% verbal y 93% no verbal. Los componentes del lenguaje no verbal se reparten en un 55% en el lenguaje corporal y un 38% en el tono de voz, lo que significa que puedes decir algo con las palabras, pero tu lenguaje corporal podría estar enviando un mensaje completamente diferente.

De este modo, la meta para cualquiera que desee dominar la charla casual debería ser el mejoramiento de su entendimiento y el uso de las señales no verbales en la prevención de malentendidos. Así podrá comunicarse a plenitud sin contradicción alguna. Si deseas unas relaciones interpersonales más sólidas, tu comunicación verbal y no verbal deben regirse bajo las mismas pautas.

Debido a la naturaleza de la charla casual, quizás no tengas la oportunidad de corregir un malentendido diciendo: "oh, esto era lo que yo quería decir en realidad." Recuerda que es charla casual. Es breve, amena y sirve para sembrar futuras relaciones interpersonales. No hay cabida para errores. Cuentas únicamente con unos pocos minutos para que tu mensaje se transmita de la mejor forma posible.

Si tus señales no verbales están en consonancia con tus palabras habladas, proporcionarás claridad, conexión y confianza a la otra persona. Cuando las dos comunicaciones son extrañas entre sí, solo se consigue tensión, confusión y desconfianza. Necesitas ser muy sensible a estas nociones para convertirte en un mejor comunicador; más que esto, tu sensibilidad necesita ir más allá de lo verbal. Debes contar con una fineza para lo no verbal.

Tomemos este ejemplo como muestra del poder real que posee la comunicación no verbal. Imagina que tu mejor amigo o cónyuge acaban de llegar a casa justo antes de la cena. Tienen los labios apretados, la cara roja y las cejas fruncidas. Se niegan a hablar con nadie. Después de pasearse por la estancia, han arrojado el bolso o mochila al sillón y se arrellanan de un sentón en la silla junto a la ventana. Después de unos segundos contemplativos en la ventana tú preguntas, "¿estás bien?". Él o ella gritan, "¡estoy bien!".

Ahora te preguntaré cuál de los dos mensajes has creído tú. ¿Sus palabras que dicen que están bien, o su lenguaje no verbal de tono y comportamiento que indica todo lo contrario? Creo que elegirás lo no verbal, estoy seguro.

Aprenderemos lo que las señales no verbales entrañan, específicamente aquello concerniente a los tipos de charla casual y cómo es que puedes usar el lenguaje no verbal para una comunicación excelente con tus pares. Ten en cuenta que algunas de las ideas que encontrarás a continuación contarán con ciertas implicaciones culturales, así que te las explicaré para que las entiendas. Cuando nos comuniquemos debemos ser siempre muy respetuosos con los demás.

¿Qué son exactamente las señales no verbales?

De acuerdo con Patti Wood, autora y experta en lenguaje corporal, las señales no verbales constituyen la mayor parte de la comunicación entre las personas y no cuentan con una traducción directa. Estas señales pueden encontrarse en la voz, los movimientos del cuerpo, la orientación del mismo, las expresiones faciales, las elecciones, los movimientos de los objetos que contribuyan a la comunicación, y en los detalles de la indumentaria. El tiempo y el espacio pueden ser también pistas no verbales.

Para simplificarlo, las señales no verbales expresan cómo te muestras, expresas y presentas a ti mismo. No sólo las palabras que salgan de tu boca comunicarán todo lo anterior. Estas señales no verbales son vitales para tus asuntos y para el trabajo pues se dice que "la percepción es la realidad".

En la comunicación nuestros sentidos juegan un papel relevante, ya que "toda prueba de verdad, credibilidad y consciencia proviene únicamente de los sentidos." Nuestro éxito en los negocios o lugar de trabajo dependerá en gran parte en cómo somos percibidos, 'sentidos' por las demás personas. Si esto va mal, muchos serán pobremente juzgados por culpa de una mala praxis de comunicación no verbal. Numerosas personas con ideas grandiosas y brillantes serán etiquetadas como algo que no son.

Las señales no verbales son enviadas desde el "cerebro emocional" y no desde el neocórtex (conocido también como isocórtex y neopalio). El neocórtex del humano se involucra en funciones superiores como la generación de comandos motores, la percepción sensorial, el pensamiento consciente y el razonamiento espacial. El cerebro emocional se encarga de crear las respuestas honestas y de generar el entendimiento de los mensajes durante las conversaciones.

De acuerdo a Wood, las señales no verbales permiten que los dueños de negocios analicen las intenciones de los otros. Por ello pueden examinar a fondo las interacciones de negocios a un mejor y más enriquecedor nivel, en lugar de simplemente confiar en palabras habladas o impresas.

Wood sugiere que las personas que entienden estas señales entienden mucho mejor lo que sus consumidores, colegas y clientes están diciéndoles, por lo que pueden satisfacer sus demandas de una manera más certera. "Los empleadores pueden evaluar los mensajes que los empleados están diciéndoles a los clientes y compañeros, distinguiendo así si determinado empleado está ayudando o perjudicando al negocio" dice Wood. Los empleados pueden aprender también a entender esas señales discretas que los jefes envían. Esto contribuiría a que ajusten sus comportamientos cuando sea necesario.

Usar efectivamente la comunicación no verbal es vital para que progreses en tu carrera. Cuando un empleador busca un nuevo talento para contratar o quiere promover a un empleado antiguo, los rasgos que buscará en la persona, por lo general, serán el profesionalismo, el entusiasmo y la confianza transmitida. Como empleado, para que puedas expresar estas y otras cualidades de un líder, requerirás de enviar las señales no verbales adecuadas.

Demos un repaso a los tipos de señales no verbales que sin duda te ayudarán en tus charlas casuales.

Tipos de señales no verbales en las charlas casuales

Dado que no es posible dejar de enviar señales no verbales a las personas, es importante que te entrenes a ti mismo para enviar solo las correctas. A continuación estudiaremos los tipos de señales no verbales que son esenciales para las charlas casuales.

Expresiones faciales.

¿Sabías tú que la parte más expresiva del cuerpo es la cara? Oh, sí que lo es. Es además el principal rasgo observable que la persona con la que hablas notará antes incluso de que comiences a hablarle.

Puedes decir un montón de cosas con tu cara más que con tus palabras. ¿Has hablado con alguien y tenían arrugas en su frente? Puede haberte parecido irrespetuoso a pesar de que la persona no tenía intenciones de ser grosera.

Puedes transmitir incontables emociones sin decir ni una palabra y, a diferencia de otras formas de comunicación no verbal, las expresiones faciales son universales. Una persona sonriente en China y otra sonriendo en América, a pesar de las diferentes locaciones, querrá decir lo mismo. Claro que hay distintos tipos de sonrisas: algunas son siniestras, otras dan un saludo, unas más son alegres y las hay de confusión... Las investigaciones apuntan a que las líneas que crean estas expresiones faciales son más o menos las mismas a pesar de las diferencias de cultura.

A través de las culturas existentes las expresiones faciales son las mismas. Demostramos felicidad, sorpresa, miedo y disgusto de una forma casi igual, lo que nos habla del impacto de estas señales no verbales. Al mismo tiempo que te deshaces de tu miedo y construyes tu nivel de confianza, asegúrate de que prestas atención suficiente a tus expresiones faciales. Si estás diciendo algo agradable, ¿qué deberías de estar haciendo con tu cara? ¡Exacto, deberías sonreír! Si estás pensando en algo podrías inclinar la cabeza hacia un lado, como si reflexionaras. La charla casual sale de perlas cuando tus expresiones faciales están de acuerdo con tus palabras.

Tono de voz.

Deberías saber que no sólo se trata de lo que dices sino de *cómo* lo dices. Cuando hablas, la otra persona escucha también tu tono de voz. Si esto lo sumamos a tus palabras, extrañamente tu voz podría estar dando un mensaje diferente.

Las expresiones "siéntate" y "¡siéntate!" son la misma, pero la exclamación produce un tono diferente. Una exclamación implica un incremento de volumen o entusiasmo.

La sincronización y el ritmo son relevantes. Un discurso rápido, con frecuencia implica urgencia o ansiedad, mientras que un discurso más pausado transmite calma. Tu voz puede expresar afecto, confianza, sarcasmo y mucho más. El sonido de tu voz puede ser pasado por alto al ser mezclado con el discurso cuando nos referimos a señales comunicativas no verbales. Sin embargo, como la voz no entraña palabras en sí pasa a ser una señal no verbal. Deberás aprender a fluctuar tu tono de voz para que sea apropiado si quieres tener charlas casuales emocionantes.

Contacto visual.

La manera en la que miras a alguien les comunica muchas cosas a los demás. Este es uno de los aspectos más importantes de la comunicación no verbal. Tus ojos expresarán afecto, hostilidad, atracción, interés, cansancio, etc.

Si quieres que el flujo de la charla casual se mantenga y deseas disfrutar el proceso, debes entonces de prestar atención a cómo usas tu contacto visual. En la siguiente sección de este capítulo, *cómo usar el lenguaje corporal cuando hacemos charla casual*, discutiremos cómo es que podemos tener un buen contacto visual con los demás.

La manera en la que te conduces es un reflejo de quién eres y cómo deseas que las personas se dirijan a ti. También puedes comunicarte con tu postura al sentarte, al caminar, enderezarte o colocar la cabeza. Por esto la postura es relevante, refleja cómo te sientes. En una primera impresión de charla casual tu postura debería exudar seguridad.

Gestos.

Los gestos son parte de nuestras experiencias diarias. Probablemente sin darte cuenta hayas gesticulado en algún punto de tu lectura de este libro. Los gestos los hacemos con las manos y existen muchos tipos: hay de saludo, de atracción, de apuntado o simplemente las mueves cuando hablas o discutes.

Cuando alzas tus manos hasta la altura de tu cara mientras hablas, quiere decir que estás tratando de aportar un punto clave. Al pasar las manos por el cabello cuando hablas, podrías querer decir que estás nervioso o inseguro. Si apuntas algo, entonces tratas de hacer que la persona vea a qué te estás refiriendo.

Deberías saber que los gestos tienen distintos significados según la cultura. El signo de "Ok" que haces con la mano por ejemplo, tiene una connotación positiva en la mayoría de los países de habla inglesa. Pero en algunos países como Francia, Venezuela, Turquía y Brasil es considerado ofensivo.

Por supuesto que no tendrías por qué saberte todos los gestos ofensivos de cada cultura, pero podrías darte por aludido gracias a la reacción de tu interlocutor.

Toque.

Dado que las conexiones humanas suceden a través del contacto, podemos comunicar muchas cosas si tocamos a la otra persona. Si dos personas se dan un apretón de manos, uno firme y el otro débil, es más probable que se recuerde mejor al portador del apretón firme que al del apretón débil.

¿Qué hay de los abrazos? Si está permitido que des abrazos en el primer encuentro puedes dar un abrazo de oso para hacer que la persona se sienta más cómoda contigo (o más incómoda, dependiendo el espacio personal contemplado en determinada cultura). En algunos casos se te requerirá que des una palmada en la espalda o un apretón suave en el brazo.

Pon atención a cómo usas este estilo no verbal pues no querrás que alguien piense que eres demasiado confianzudo. En algunas culturas, tocar al otro mientras haces charla casual es considerado inapropiado y habrá ocasiones que no se prestarán siquiera a que toques a nadie. Esto se vuelve muy cierto cuando son interacciones entre personas de sexos opuestos.

Con este estilo de comunicación no verbal necesitas de mucho tacto y precaución. Pero si sientes que puedes usar el contacto, sé cuidadoso a la vez que noble.

Cómo usar el lenguaje corporal cuando haces charla casual

Al crecer estaba desesperado por hacer amigos. Después de mucho ensayo y error me di cuenta de que hacer amigos, construir relaciones duraderas, una simple conexión con las personas se lleva su tiempo. Antes de que conectes con alguien necesitas conocerlo. Me da vergüenza ahora darme cuenta de que la mayor parte del tiempo había estado forzando conexiones con los demás. O autoinvitándome a fiestas o presionando conversaciones con gente que no quería hablar conmigo.

Una amistad duradera no puede construirse en un día pues es un proceso gradual que comienza a menudo con una sonrisa o un hola. Algunos de los pasos pueden ser más duros que los otros, pero deberías de poder sentirte cómodo al usar tu lenguaje corporal para atraer a una charla casual a los que te rodean. Veamos cómo es que puedes usar tu lenguaje corporal para las charlas casuales.

No cruces los brazos o piernas.

Cruzarte de brazos o piernas mientras hablas no es muy recomendable cuando de charlas fructíferas se trata. Cuando cruzas los brazos pareces estar a la defensiva o incómodo, lo que puede hacer que la otra persona quiera terminar con la conversación.

En lugar de cruzar los brazos, úsalos para gesticular. En lugar de cruzar las piernas, mantén con ellas una posición abierta que transmita aprecio (si estás vistiendo una falda no lo recomiendo). La idea es que permanezcas relajado y cómodo.

Haz contacto visual pero no mires fijamente.

Los ojos son esenciales cuando hablamos de la comunicación no verbal porque podemos decir muchas cosas con ellos. Sin embargo, algo que no deberías hacer es clavarles la mirada a las personas. El contacto visual no es lo mismo que mirarlos fijamente.

Mirar fijamente puede ser considerado ofensivo para algunos así que absténte. Cuando digas o respondas algo a alguien puedes mirarlo a él o ella a los ojos. Pero también es bueno si paseas ocasionalmente la mirada por la habitación.

Hacer contacto visual muestra tu nivel de confianza e informa a tu interlocutor de que estás realmente presente durante la corta pero significativa charla que mantienen. No te preocupes por la perfección, ¡permanece consciente y lo harás bien!

Relaja los hombros.

Quizás no sabías esto, pero tus hombros tienen mucho peso en tu comunicación. Es por esto que debes mantenerlos en buena posición. Unos hombros tensos son señal no verbal de que quieres irte y dejar de hablar, mientras que unos hombros relajados señalizan que disfrutas la conversación.

Una manera excelente para relajar tus hombros es hacer varias inspiraciones profundas antes de acercarte a la persona con la que deseas hablar. Recuerda que una de las causantes de los hombros tensos es la ansiedad. Quizás tú no notes que tienes las articulaciones rígidas, pero la otra persona sí lo hará. Puedes saber que estás tenso si sientes una presión en tu clavícula y la región del cuello. Si es así, entonces relájate.

Asiente.

¿Cómo te hace sentir cuando hablas con alguien y la persona asiente a tus palabras? Un asentimiento te hace saber que estás siendo escuchado. Esta es una forma efectiva de mostrarle a tu compañero de charla que estás presente y que lo respetas.

Siéntate derecho (no te encorves).

Si estás debatiendo con alguien y ambos se sientan, no te encorves. El encorvarse significa que estás cansado, aburrido o que quieres irte a casa.

Siéntate derecho como la persona segura que eres y comparte tus pensamientos. Si estás derecho prestas más atención a la otra persona y minimizas las distracciones.

¡Inclínate!

Cuando decimos que nos "inclinamos", nos referimos a la habilidad de derrumbar las paredes que podrían estar afectando tu conexión con la otra persona. En los primeros segundos que transcurren cuando recién conoces a alguien, ellos tratan de averiguar quién eres.

Si te inclinas un poco hacia delante bajas la guardia y envías el mensaje de que estás presente y disponible para el otro.

Asegúrate de que eres un buen oyente que entiende el significado de lo que escucha. Sin mirar fijamente mantén tus ojos en la persona mientras asientes con la cabeza. Ten cuidado con el espacio personal. Si te inclinas demasiado como lo hacía el presidente Lyndon B. Johnson con su Técnica, podrías resultar intimidante o dominante.

Sonríe y ríe (en los momentos apropiados).

Hay momentos durante la conversación en los que deberías de sonreír y reírte. Si lo haces estarás manteniendo un flujo positivo de comunicación. Recuerda que la charla casual es eso, casual, por lo que no hay necesidad de que seas tan serio.

Si sientes cierta tirantez en la otra persona, trata de crear una atmósfera ligera sonriéndole o diciendo algo divertido que rompa el hielo entre los dos.

Imita el lenguaje corporal.

La esencia del espejo en la comunicación mejora la relación entre las dos partes. Lo que debes hacer aquí es imitar los manierismos y posiciones de la otra persona para conectar así con ella.

A veces imitamos sin darnos cuenta. ¡Bostezo! Si de repente sientes que quieres bostezar por solo haber leído la palabra, eso es imitación inconsciente.

Cuando conversas con una persona y él o ella sonríe, imítalos sonriendo de vuelta. Al hacer esto mantienes el flujo de la conversación pues conectas con ellos a otro nivel.

Cuando dos personas se espejean mutuamente significa que existe confianza y comodidad. El espejo funciona aún mejor cuando ya conoces de mucho tiempo a una persona. Por ejemplo, las parejas románticas se espejean con facilidad. Pero en la charla casual no conoces a la persona, por lo que deberás prestar mucha atención. Debes observarlos y después responderles con un espejo de comunicación no verbal.

Así que si la otra persona sonríe, date por aludido y sonríeles de vuelta. Si ellos parecen relajados y tú estás tenso, relájate también. El espejo es comunicación no verbal y puedes mejorarlo estando presente en la conversación. Necesitarás estar atento, y practicarlo mucho antes de volverte bueno en esta habilidad no verbal.

El grueso del trabajo no estará solo en ti pues la otra persona también te imitará. Puedes estar seguro de que espejeará lo que sea que tú estés demostrando. ¿Los quieres relajados y calmos? Entonces sonríe y suelta risitas cuando sea el momento adecuado.

Si se dan por aludidos la charla fluirá con naturalidad.

Respeta el espacio personal.

Por último, respeta el espacio personal de la otra persona. Todos somos diferentes pero sin duda estamos de acuerdo en que nos gusta que los demás respeten nuestro espacio. Si no respetas el espacio personal de los demás causarás una mala impresión que afectará a la conversación futura.

Trata de mantener una distancia razonable cuando hables. No inicies el contacto físico si no estás seguro de la reacción que tendrá tu compañero o compañera. Por ejemplo, no des abrazos que no te han pedido ni los fuerces a chocar esos cinco, tampoco los toques.

Acabas de conocer a esta persona y no sabes cómo se siente al respecto del contacto físico. Sería conveniente para ti y para tu interlocutor si es él o ella es quien inicia el contacto y, así tú estarás pisando suelo firme.

Cómo la comunicación no verbal puede ir mal en la charla casual de la oficina (o donde sea)

Dentro de la oficina, a cualquier lugar que vayas, las personas se hacen una idea de ti. Se ayudan para esto de la comunicación no verbal.

Puede ser que una persona esté tratando de ser una genial conversadora para la charla casual. Quizás tiene todas las palabras correctas y aún así fracasa estrepitosamente por culpa de una deficiente comunicación no verbal. Todos evitarán hablar con esa persona porque sus mensajes no verbales están enviando las impresiones equivocadas.

Analicemos a continuación a tres personalidades que quieren tener éxito en las charlas casuales; sin embargo, estas personalidades tienen dificultades en sus intentos de conectar con otros, y no están siendo conscientes de los mensajes no verbales que están comunicando.

¡Conoce a Andrea, Meghan y John!

Andrea

Andrea es guapa y es buena conversadora, pero también es muy distraída. Ella asegura ser buena para relacionarse con los demás, pero la verdad es que cuando habla, sus ojos vagan sin control por la habitación. Esta acción da la impresión de que no está realmente allí.

La gente que habla con Andrea se siente ignorada apenas segundos después de conocerla. A pesar del alto concepto en el que Andrea tiene a sus habilidades comunicativas, ellos piensan que es una persona muy ensimismada.

Andrea necesita alcanzar un balance entre sus dotes conversadoras y el lenguaje no verbal de sus ojos.

Meghan

Meghan es una hermosa dama que desea conectar (en la oficina u otros eventos) con hombres buenos y casaderos. Sin embargo, pese a que se considera a sí misma como divertida e interesante, tiene problemas para mantener las charlas casuales.

A pesar de sus risas y sonrisas, el tono de voz de Meghan es elevado y su cuerpo está muy rígido. Cuando está rodeada de tipos grandiosos, ellos se sienten ansiosos e incómodos. Terminan pronto las conversaciones y Meghan se queda muy confundida.

Aunque Meghan es amena su lenguaje corporal dice otra cosa. Y este es su obstáculo constante que resta efectividad a sus charlas casuales.

John

John cree que se lleva bien con sus colegas, especialmente con los compañeros nuevos con los que tiene charlas casuales. Pero si tú les preguntaras a sus colegas y a los nuevos, ellos te dirían que John es muy "tirante". Esto vuelve difícil que ellos disfruten las charlas con él.

Algunos de los colegas opinan que John te mira demasiado fijo por largo tiempo, y que sus apretones de mano casi lastiman de lo fuertes que son. John, por otra parte, piensa que al mirarlos así les está mostrando interés.

A pesar de sus esfuerzos, su lenguaje no verbal lo hace parecer torpe y crea distancia con las personas. John tiene problemas con su progreso comunicativo en el trabajo porque no comprende la importancia de lo no verbal. John es un ejemplo viviente de lo importante que es la moderación.

Como has visto, estos ejemplos muestran a individuos que desean comunicarse de manera efectiva con sus pares. Tienen buenas intenciones pero se enfrentan a dificultades constantes en sus interacciones porque no están siendo conscientes de la importancia de las señales no verbales. Con estos consejos anteriores podrás salir airoso de todas las situaciones sociales pues harás un uso excelente de las comunicaciones verbales y no verbales.

La comunicación no verbal es un tema fascinante, especialmente dentro de los confines de la charla casual. Las personas, consciente o inconscientemente, hablan todo el tiempo con estas señales. Lo que importa aquí es que estés muy atento para comprender lo que te dicen.

Tal como has leído en este capítulo, puedes comunicarte con alguien más usando estas señales. Estamos agregando capas a nuestra experiencia de aprendizaje y ha sido muy emocionante comenzar desde lo básico y haber llegado hasta aquí. Pero aún hay más. Te aseguro que nos quedan muchas ideas por estudiar. En el próximo capítulo abordaremos por fin qué viene después de ese hola.

CAPÍTULO CINCO:

Romper el hielo después del hola

Decirle hola a alguien, en un entorno social o de oficina, parece fácil. Piénsalo. Cualquiera puede decir hola y seguir con su vida. Sin embargo, el objetivo de la charla casual no es que simplemente sigas haciendo lo tuyo. Debes tender los cimientos para una conversación futura con la persona. Ahora, aquí es donde el desafío comienza para aquellos a quienes se les dificulta la charla casual; se preguntan "¿qué debo decir después del hola?"

Este capítulo te enseñará a mantener una charla emocionante y memorable después del hola inicial. Aprenderás sobre las cualidades esenciales de los mejores iniciadores de conversación. También descubrirás cómo puedes hacer una buena primera impresión.

Por lo general todo lo que viene después de un hola, es llamado inicio de conversación; entraña todas esas cosas que puedas decir, que disparan el inicio de la charla. Por fácil que parezca, muchos se atascan en esta etapa porque, para ser francos, el número de cosas que puedes decir es infinito. Entonces, ¿cuáles son esas cosas apropiadas para charla casual?

Recuerda que el objetivo de la charla casual está en que hagas conexiones, y no simplemente en que tengas una charla excesiva sobre nada en particular. Es necesario que hables de una manera tan graciosa y concisa, que puedas retomar después el hilo fluido de la conversación.

Quiero que tomes en cuenta que estos iniciadores de conversación que te daré no son reglas ni nada parecido: no son los únicos que debes o puedes decir. Este libro busca ayudarte, pero la mejor manera de mejorar en las charlas casuales es, precisamente, hablando. ¡Así que no te preocupes! Estas ideas solo te afinarán las habilidades, y en ocasiones futuras tendrás que dejarte llevar por tu flujo personal de ideas.

Para que tengas éxito después del hola, necesitas conocer las características de los buenos iniciadores de conversación. Estas cualidades a continuación serán una guía sobre qué tipo de contenido debe tener tu iniciador. Reitero que no te preocupes. Te lo explicaré con ejemplos, así sabrás aplicarlos a cada situación particular.

Cuatro cualidades de los mejores iniciadores de conversación

1. Los mejores iniciadores ofrecen seguridad.

Los mejores iniciadores son aquellos que tú expresas sintiéndote seguro y en confianza, y hacen que la otra persona quiera unirse a la conversación. La confianza que proyectes será como un imán atractivo para los demás. La seguridad en ti mismo es una de las mejores cualidades con las que puedes contar cuando se trata de hablar con los demás.

Por ejemplo, cuando te topes con personas, ten muy presente que no sólo estarán anticipando tu discurso, sino que además prestarán atención a cómo te comunicas integralmente—lenguaje corporal incluido. Así que si ya has empezado con el hola, la próxima frase que pronuncies deberás decirla con toda la seguridad de la que seas capaz.

Aún si estás diciendo algo divertido, tonto o aleatorio, dilo con confianza en ti mismo, haz contacto visual y añádele emoción. Cuando hagas esto, el resto de tu charla casual tendrá la misma calidad inicial. Si comienzas todo sintiéndote ansioso o temeroso, lo arruinarás.

Siempre recuerda esta simple pero profunda regla: inicia seguro ¡y terminarás excelente!

2. Los buenos iniciadores de conversación son personales.

Es verdad que preferimos mencionar primero sobre el clima o algo genérico por el estilo, pero si vas a relacionarte con las personas, tendrás que aportar tu toque personal.

Cuando inicias compartiendo un poco de información personal, aprendes más sobre la otra persona, y posiblemente ella misma se sentirá inclinada a averiguar más sobre ti. Si no sabes su nombres, pregúntaselo. Si estás en su área particular de trabajo, por ejemplo en su oficina, averigua su puesto.

Este es un gran iniciador de conversación porque te permite aventajar camino para una próxima pregunta. Así que si le preguntas sobre su puesto de trabajo, y ellos dicen, "Oh, estoy en ventas", tú a continuación, puedes comentar algo relativo a las ventas. Así, entonces, la persona podrá preguntarte lo mismo acerca de ti, y habrás comenzado una conversación.

Ten cuidado. No confundas lo personal con lo privado. A veces decimos "esa es información personal" para referirnos a información que es privada. Recuerda que dijimos, en capítulos anteriores, que no está bien hablar sobre temas privados en la charla casual... Lo que nos lleva a nuestro siguiente punto.

3. Los buenos iniciadores de conversación no son demasiado personales.

Sí, puedes adoptar un enfoque más personal pero, por favor, no seas *demasiado* personal. Ya contamos con dos antecedentes sobre cómo puedes ser personal, sin entrar en los terrenos de aquello que podría considerarse como información privada. No le preguntes a nadie si está casado o divorciado cuando hagas charla casual. Un buen iniciador hace distinción entre las preguntas o afirmaciones personales, y aquellas que son privadas.

Imagina que estás charlando con alguien, y esa persona te pregunta de repente cuál es la parte de tu cuerpo que te causa mayor inseguridad. ¿Cómo responderías a eso? Esa pregunta no es nada prudente y podría arruinar las buenas impresiones que esa persona intente establecer contigo.

Debes tener cuidado hasta con las bromas que sirvan como un iniciador. Si te encuentras de nuevo con esa persona, y retoman el hilo conversacional, solo ahí podrás ser más directo (si ellos lo son también) puesto que ya has establecido una base. De todas maneras, evita ser personal en exceso cuando inicies una conversación.

4. Los grandes iniciadores dejan ver un interés genuino.

Otra cualidad propia de los grandes iniciadores, es que los conversadores muestren un interés real mutuo. Por ejemplo, puedes dejarle ver que estás interesado en tu interlocutor, preguntándole sobre cosas que a ti te gustan y que sospechas él/ella disfrutan también. Si por desgracia como iniciador mencionaste algo que no te interesa demasiado, tendrás problemas con la comunicación futura pues no sabrás mantener el interés por algo que no llama tu atención. Por ejemplo, si no sabes mucho sobre fútbol o no te gustan los deportes, no hables sobre ello.

Si ya has tomado al fútbol como uno de tus iniciadores y resulta que la otra persona no sabe nada sobre el tema, tendrás una conversación unilateral. En el caso contrario, tu intención de cambiar de tema con alguien que ya está emocionado o emocionada por el fútbol que mencionaste al inicio, podría resultar desmoralizante.

Apégate a lo que te interesa y te irá bien. Si te preguntan por algo que desconoces, piénsalo por segundos y luego di que no sabes. Podrás pedirle a la otra persona que te "ilumine" al respecto. Es mejor ser honesto que dar una falsa impresión de conocimiento. Entonces, cuando ya estés listo para proseguir con otro tema, podrás hacerlo sin ofender a nadie pues ya sabrá él/ella que no sabes mucho sobre el tema.

Esta pequeña guía que has leído te habrá aclarado cuáles son las cualidades de todo buen iniciador de conversación, y ahora podrás emular dichas cualidades cuando lo requieras. Sin embargo, la lección no termina aquí: necesitas saber cómo es que puedes iniciar con naturalidad una conversación.

Conozcamos esa transición que viene después del "hola".

Maneras naturales de propiciar una conversación

Haz una pregunta general.

Puedes comenzar haciendo una pregunta general. Escucha con atención la respuesta. Después haz una declaración que se relacione con aquello preguntaste y, construye desde allí tu conversación.

Pero no atosigues a tu compañero con demasiadas preguntas, recuerda que la conversación debe fluir con naturalidad. A continuación, te daré algunos ejemplos sobre cómo puedes iniciar la conversación mediante un asunto simple:

"¿Qué te trae a Nueva York este mes?"

"¿Qué estamos celebrando hoy?"

"¿De dónde eres?"

"¿Cómo es que conoces al anfitrión?"

Con cada una de estas preguntas anteriores, que puedes usar como guías, la otra persona dará una respuesta que puedes utilizar para tu conversación.

Observa el entorno.

Si tus preguntas iniciales no fueron efectivas para continuar con la charla, observa los alrededores y pregunta por objetos o características que puedan darte nuevos temas de interés. Estas preguntas son abiertas y requerirán de ciertas descripciones para su respuesta. Si estás en una fiesta, puedes comentar sobre la casa, la música o cualquier cosa relacionada con el entorno.

Te recomiendo que seas auténtico y espontáneo con tus observaciones del entorno, y cuídate de ser criticón o insidioso. Este iniciador del entorno te permite conocer la opinión de la otra persona, para que así puedas construir desde ahí la charla.

"¿Qué piensas de la decoración rosa de mariposas?"

"¿Te das cuenta de lo perfecto que es el centro de mesa?"

Haz lectura fría.

La lectura fría consiste en que uno adivina cosas de la otra persona, basándose en lo que observa de ella. Piensa en este ejercicio como en uno de observación/asunción. Ahora te diré la parte divertida de este iniciador: no tienes por qué tener razón.

Si acertaste en tu observación, la persona estará divertida; si no fue así, él o ella podrán corregirte y, aún así, todo esto dotará de cierto humor a la situación. Un ejercicio de lectura fría te ayuda a desempolvar tu lado humorístico, además de que contribuye a que la otra persona se relaje contigo.

Para que tu lectura fría sea correcta, necesitas de prestarle atención a la persona. Solo así podrás captar detalles significativos que te ayudarán a acertar:

"No eres de por aquí ¿cierto?"—cuando notaste algo distinto en el acento o indumentaria de la persona.

"Te apasionan los deportes ¿verdad?"—si la persona da buenas predicciones deportivas.

"¿Son viejos amigos, tú y el anfitrión?"—si observas una relación cercana entre la persona y el anfitrión del evento.

Comparte una anécdota.

Una anécdota o historia te ayudarán a generar una conexión de tipo emocional con la otra persona. Si la otra persona dice algo ligeramente extraño, puedes compartir una historia divertida; si la persona se engancha a tus palabras ya tienes un buen comienzo.

Te daré un ejemplo de una conversación típica que contará con un tremendo inicio anecdótico:

Tú: "Por Dios, qué hermoso tocado. Tienes un sentido de estilo excepcional."

Extraña: "¡Oh, gracias! Lo adquirí hace poco en Londres, mientras compraba con amigos."

Tú: "¿Estabas en Londres? Yo andaba por ahí hace algunas semanas, en un fantástico almacén de moda; no creerías lo que me pasó allí."

Extraña: "Ja, ja, sí, eso me recuerda ahora lo que me sucedió hace dos días…"

Tú: "¡Vaya! Eso es tan similar a lo que me ocurrió…"

Cuando inicias con una historia simple, como la del ejemplo anterior, es seguro que la otra persona se abrirá a ti, y puede que ambos tengan otra charla en el futuro. Las historias simples son excelentes conectores porque todos podemos identificarnos con algunas, así que úsalas generosamente en tus charlas casuales.

Haz un cumplido

Sí, todos amamos los cumplidos. Precisamente por esto los cumplidos son uno de los mejores iniciadores de conversación. Son grandiosos para hacer que alguien más se sienta cómodo junto a ti.

Pero debes de ser cuidadoso con los cumplidos que hagas, pues deben de tener su origen en algún rasgo real.

Tú: "Hola."

Extraño: "Hola (sonriendo)."

Tú: "Tienes una sonrisa preciosa."

Extraño: "Gracias, ¿qué te trae por aquí?"

Menciona intereses compartidos.

Si notas que tu interlocutor comparte tus intereses, usa eso como un iniciador de conversación.

Imagina que estás en una tienda de café y ves a alguien poniendo grandes cucharas de crema en su café. Por casualidad, resulta que tú haces lo mismo. Podrías usar esta situación como una oportunidad para iniciar la conversación.

Tú: "Parece que te gusta un montón la crema en tu café (risita). A mí también me encanta."

Extraño: "Hurra por la crema con café (más risas)."

Pregúntales su opinión.

Otro modo excelente con el que cuentas para iniciar una conversación, es simplemente pidiendo un consejo a otra persona. Después del hola inicial, pregúntales algo que facilite la charla entre ustedes. Digamos que estás viajando en un avión, puedes pedirle a tu compañero de asiento que te dé un consejo.

Tú: "Siempre me pongo nervioso antes del despegue ¿conoces algún truco para relajarme?"

Extraña: "Oh, eso es triste. Podrías hacer inspiraciones profundas, y no enfocarte más en la experiencia de vuelo."

Expresa cierta vulnerabilidad.

A veces pasa que la mejor manera de iniciar una conversación en determinada circunstancia, es expresando una vulnerabilidad. Por vulnerabilidad no quiero decir que tengas que exponerte demasiado con asuntos personales. Me refiero a este tipo de vulnerabilidad que te permite compartas algo con otra persona.

Al mostrar vulnerabilidad, estarás exponiendo a él/ella, un lado de ti con el que querrá conectarse. Por ejemplo, imagina que estás celebrando en una fiesta el lanzamiento de un nuevo producto y no conoces a ninguno de los asistentes. Puedes empezar así:

Tú: "No conozco a nadie, se me dificulta un poco el hablar con extraños."

Extraña: "Oh, no te preocupes, yo conozco a casi todos los que están aquí. Verás lo fácil que es conectar con alguien. Por cierto, mi nombre es Amy. ¿Cuál es el tuyo?"

Usa el ángulo de la celebridad.

¿Alguien te ha dicho que te pareces a un famoso? ¿Cómo te hizo sentir eso? ¿Halagado? Si ves en la habitación a alguien que se parece a un famoso, puedes caminar hasta él/ella y usar esta observación como iniciador de conversación.

Este acercamiento es muy bueno porque es genuino y humorístico. Esa persona amará el cumplido y se animará. Si es una mujer con la que hablas, probablemente se ruborizará y continuarán desde allí con una gran conversación.

Tú: "¿Alguien te ha dicho que te pareces a Jennifer Anniston?"

Extraña: "Oh, vaya (ríe). Sí, ya lo han hecho antes pero yo no veo el parecido."

Tú: "Tienen el mismo color de cabello. ¿Eres de por aquí?"

Extraña: "No, soy del estado. ¿Qué hay de ti?"

No puedo enfatizar muchísimo más lo importante que es la sonrisa en la charla casual, pero debo decirte que resulta aún más decisiva al inicio de la conversación. La otra persona te sonreirá de vuelta y, sin decir ni una palabra, los dos tendrán una especie de acuerdo, un reconocimiento silencioso de que se han visto el uno al otro. Que se acerque o no, la otra persona para una conversación, está a discreción suya. Pero, por lo menos, ya habrán conectado en ese fugaz momento.

Sonreír mientras dices las primeras palabras, hay algo electrizante en eso. Sienta un tono grandioso para futuras discusiones, lo que es vital para el inicio. Siempre sonríe desde el principio. ¿Estás sonriendo ahora? Vamos, No sonrías. ¿Ya estás sonriendo? ¡Bien, manténlo así! (Funciona siempre).

Si comienzas con alguna de las ideas anteriores, la otra persona se abrirá a ti, y la conversación continuará. Recuerda que estos ejemplos son meras guías que te ayudarán a generar tus propias ideas. Experimenta, cada situación será diferente. Después de todo, es mejor ser un poco torpe que estar tenso y rígido.

Haciendo una buena primera impresión.

Aunque la charla casual haya iniciado pequeña, y pareciera ser una vía fácil de comunicación, siempre ten presente que es un arte que debe ser dominado. La charla casual puede abrirte puertas, quien sabe a dónde te llevaría en un futuro. Como tal, debes hacer que tu charla cuente, causando una buena primera impresión. ¿Cómo debes iniciar?

1. Inicia con un pequeño gesto (este es tu ladrillo).

Los gestos pequeños son como ladrillos en la pared de las buenas impresiones. Estos gestos incluyen:

- Un saludo.
- Una sonrisa.
- Un cumplido.

Estos son pequeños detalles por los que serás recordado, y te impulsarán hacia las partes más profundas de la conversación. Una sonrisa llevará a un "hola", después a un "cómo estás", y luego a una charla. Inicia con estos gestos, y continua desde ahí.

2. Evita los filtros.

Los filtros son palabras que te hacen sonar demasiado crítico, y tienen la mala fama de matar cualquier potencial conversación. Evita ser juzgón y no fuerces tus opiniones a los demás, ni siquiera aunque sepas que tienes la razón..

Si tiendes a pensar demasiado, por favor relájate. Esto es charla casual, no una discusión filosófica. Tus palabras deberían ser certeras, perspicaces, divertidas y tranquilas.

Te daré una muestra de conversación entre tú y una dama invitada a una boda; verás cómo se usan los filtros (cosa que no debes hacer).

Tú: "¿Por qué llevas un vestido blanco para la boda?"

Mujer: "Es que el blanco es mi color favorito, y amo este vestido."

Tú: "Pero esta no es tu boda. ¿No crees que estás robándole a la novia su momento?"

Venga, vamos: si tú fueras la dama, ¿no te sentirías ofendida, y no querrías dirigirle de nuevo la palabra a semejante grosero? Pero, por fortuna, este grosero no serías tú porque ¡tú lo harías mucho mejor!

3. No necesitas ser extraordinario, solo amable.

Las personas no esperan que cada palabra que salga de tu boca sea una verdad profunda. Para ser honestos, molestarías a la gente si así lo hicieras. Todo lo que necesitas para hacerlo bien, es amabilidad. Las personas se sienten cómodas cuando hablan con otros que son educados.

Haz preguntas, muestra interés, sé amistoso, interesante, y enfócate en tu compañero o compañera. No te preocupes por los temas "serios" o por la originalidad. Sé amable y harás una buena primera impresión.

4. ¿Qué debería decir?

Para hacer impresiones excelentes en los demás, necesitas pensar un poco qué es lo que les dirás. Esto, claro debería de ocurrir antes de que hables con cualquiera, para que cuentes así con temas de conversación.

También puedes usar un itinerario de conversación: te ayudará a moverte rápidamente de un tema de interés a otro.

Pero lo primero es lo primero: necesitas saber de qué hablarás. Te recomiendo que abordes los siguientes conceptos:

- Qué relación tiene la persona con el evento.
- Las vacaciones.
- Los conocidos mutuos.

Estos ejemplos de arriba son solo algunos de los temas con los que podrás planear tus iniciadores para construir desde ahí la charla.

5. **Construye la conversación.**

Hacer una buena primera impresión tiene todo qué ver con cómo inicias la conversación. Las charlas progresan y evolucionan conforme tú y tu compañero o compañera se mueven por los temas de conversación.

Cuando sabes cómo construir una conversación de principio a fin, eres capaz de conectar de tal manera con la persona, que ella querrá hablar contigo en un futuro cercano.

Te daré un ejemplo de cómo construir una conversación:

Tú: "Así que, ¿tienes algo planeado para el fin de semana?"

Extraño: "Sí, quiero probar el nuevo menú de pasta en el italiano de la calle abajo."

Tú: Genial, he oído que es fantástico, me recuerda las vacaciones que tomé en Italia el año pasado. ¡Es un hermoso país!"

Extraño: "Vaya, has estado en Italia. Ya me has dado una buena idea vacacional."

Tú: "Italia es grandiosa. Amarás las vistas pintorescas y la comida. ¿Has comido antes comida italiana auténtica?"

Podrás notar que, de hablar de planes de fin de semana, progresaron a hablar de comida, países, vacaciones y paisajes. Así es como construyes conversaciones. Cuando inicias una y fluye con mucha naturalidad, los dos se sentirán a sus anchas.

6. Retírate con gracia.

La manera en la que terminas una charla, afecta también a la impresión que le hayas dejado a la otra persona. La mayor parte del tiempo nos enfocamos en lo que diremos y no en cómo terminamos la conversación.

Lo más complicado de charlar con alguien que no conoces, es el mantener viva la conversación. A veces buscar un motivo para retirarte puede ser conveniente, pero debes de haberlo pensado bien para cuando llegue el momento de decirlo.

Cuando estás a punto de terminar con la conversación, podrás usar cualquiera de las siguientes frases para retirarte con elegancia.

- "Hay alguien en la puerta con quien necesito hablar, espero que pronto hablemos de nuevo."
- "Ha sido un placer hablar contigo, iré a por una bebida."
- "Necesito hacer una llamada ahora, pero fue un gusto hablar contigo. Por favor, permíteme."

¿Qué es lo que le gusta a la gente cuando conocen a alguien por primera vez? Les gusta el interés mostrado. Como ya sabes, las buenas impresiones son buenas maneras de construir relaciones con los demás pues, a fin de cuentas, todo esto se trata de cómo los haces sentir. que se forme o no una conexión tiene mucho qué ver con una buena impresión. Las personas olvidarán tus palabras pero no cómo las has hecho sentir, así que haz todo lo posible porque todo salga bien con las buenas impresiones.

Los iniciadores de conversación son herramientas fantásticas que sirven como puentes para conectar tu "hola" con el resto de tu charla casual. La única razón por la que no te conformarías solo con el saludo, es porque cuentas con iniciadores de conversación. Cuando los usas, gracias a ellos no tienes problemas con el qué o cómo lo dirás.

En el próximo capítulo encontrarás una guía de temas para charla casual, y consejos sobre qué temas deberías de hablar.

CAPÍTULO SEIS:

Guía de temas de charla casual

¿De qué hablaré?

Saber iniciar una conversación no es suficiente (ojalá lo fuera, pero no lo es). Si una persona es excelente en los inicios pero no sabe de qué hablará en el cuerpo de la conversación, él/ella tendrá serios problemas.

Ahora que sabes cómo iniciar una conversación (lo vimos en el capítulo cinco), aprenderemos de qué tipo de temas se habla en las charlas casuales y cuáles son los apropiados en el contexto, así como los que no lo son.

Primero iniciemos repasando las temáticas que son seguras de abordar. Después proseguiremos los que no son recomendables para las charlas casuales.

Temáticas seguras

El clima.

Hablar sobre el clima puede ser predecible, pero es buenísimo para una charla casual debido a que este tema es neutral y universal. Cualquiera puede comentar sobre el tiempo que hace y todos tienen una opinión al respecto.

Puedes hablar sobre el día, la temporada o la temperatura. Pon en práctica tus habilidades de charla casual mediante los temas relacionados al clima, son fantásticos para sacarte de los silencios incómodos.

Pasatiempos.

Todos tenemos pasatiempos, esas cosas que nos gusta hacer en nuestro tiempo libre, y ardemos de ganas de compartirlas con otros. Después de aprenderte el nombre de la persona y de que sepas qué es lo que le gusta hacer, puedes comentar tus pasatiempos. Este tema puede añadir cordialidad a la conversación.

Escucha a la persona hablando de sus pasatiempos y, si tienes preguntas sobre ellos, no dudes en hacerlas.

Trabajo.

En las charlas casuales, el trabajo es un tema popular que concierne tanto al receptor como al remitente. Saber a qué se dedica la otra persona te ayudará a comprender cómo es que puedes progresar en la conversación.

Enfócate en aquello que quieres aprender del trabajo de la otra persona. El trabajo, sin importar su índole, es una parte importante de la vida de todos, así que es un tema grandioso para las charlas casuales.

Deportes.

El tema de los deportes incluye a equipos favoritos, eventos deportivos, torneos, juegos de bolos, etc. Mantente informado acerca de juegos como el fútbol, el hockey, golf, etc. Si da la casualidad que todo esto te interesa, tendrás más material para tus charlas casuales. Cuando es la temporada de la Copa del Mundo todos hablan sobre eso, así que presta atención y para la oreja.

Los deportes estarán presentes en otras secciones de este capítulo porque son temas de conocimiento universal en las charlas casuales. Eso sí, siempre enfócate en los deportes que amas para que toda la conversación fluya con naturalidad.

Familia.

También puedes preguntar sobre la familia. Por ejemplo:

"¿Tienes hermanos?

"¿Cómo están los niños?

Sé abierto con las preguntas y respuestas concernientes a los temas de familia; involucrarte en este tipo de charla casual saca a relucir a tus habilidades comunicativas y te ayuda a aprender más sobre la otra persona.

Lugar de origen.

Podrías preguntarle a él/ella por su lugar de origen, y ellos te lo preguntarán de vuelta. Puede que sean del mismo lugar de origen o que sepas algo sobre su ciudad natal. Muestra interés en estos temas e información porque todos querrán compartirla contigo.

Noticias.

Por lo general y de una manera u otra, las noticias nos importan a todos. Si estás al corriente de las historias, podrás mantener conversaciones básicas con los demás. La charla casual construye puentes entre las personas, así que el contenido de la misma determinará la solidez de este puente.

En esta era digital ya no necesitas un periódico, pues con las redes sociales puedes mantenerte actualizado. Pero toma nota de esto: no incluyas a la política en tu guión de noticias para la charla casual. De preferencia, guárdate tus opiniones políticas.

Viajes.

A algunas personas les gusta escuchar y conversar sobre las vacaciones, así que si viajas mucho, ya llevarás la ventaja. Pregúntales sobre los sitios que han visitado y recomiéndales lugares de destino.

Cuando compartes experiencias como estas, conectarás con la otra persona y tendrás futuras y excelentes conversaciones de seguimiento.

Artes y entretenimiento.

Sí, los temas de las artes y el entretenimiento son muy especiales para las charlas casuales. Programas de televisión, películas, libros, música popular, restaurantes, etc., todos ellos son buenos para una conversación.

Quizás no sean de esos que entran en la categoría de los iniciadores perfectos, pero son casi siempre temáticas seguras.

Chismes de celebridades.

Sé que hay muchas celebridades, así que no tienes por qué saberlo todo de todos. Sin embargo, sí te beneficiará para tus charlas casuales el que te familiarices con las vidas de los famosos más populares.

Este tipo de conversación es apropiada para las reuniones informales, fiestas y otras ocasiones del estilo. Sin embargo, *no lideres* con este tema. Si alguien más lo saca a colación, tú fluye con la corriente.

Temas a evitar

Algunos temas de los que puedes preguntar cosas, en lo que a charla casual se refiere, están fuera de los límites pues llegan a ser ofensivos e inapropiados. Simplemente no se sienten bien. Analicemos algunos de ellos para que aprendas a evitarlos cuando hables con alguien más.

Finanzas.

No está bien preguntar sobre las cuestiones del dinero o cuánto gana alguien. Es adecuado preguntar cómo esa persona se gana la vida u otros aspectos positivos de su carrera, pero nada de hacerle preguntas sobre los salarios o bonos.

Edad/apariencia.

Sin importar qué tan bien luzca una persona, no comentes su edad o apariencia. Solo podrás hacerlo más delante si llegas a conocerlos bien. Pese a su simpleza, la edad y la apariencia son temas tabú. No preguntes cuántos años tiene alguien o si está embarazada. No comentes las ganancias o pérdidas de peso que hayan tenido. Guárdate tales observaciones para ti y mantén la positividad en la conversación.

Sexo.

No hables sobre el sexo ni hagas preguntas sobre la intimidad. Seamos serios. Parecerás espeluznante si lo haces cuando hables con un extraño. Evita indagar las preferencias sexuales, no hagas alusiones ni referencias al sexo. Todo lo anterior pondrá incómodo a tu interlocutor, y arruinarás la conversación.

Chismes personales.

Los chismes de celebridades están bien (todos amamos el drama hollywoodense), pero los cotilleos sobre personas que conoces es de pésimo gusto. No esparzas rumores sobre los demás porque cuando lo haces, das una mala impresión y, además, con quien hablas puede conocer a la víctima de tu chisme.

Sé buena persona y no calumnies a nadie. Si hablas sobre alguien más, deberás de hacerlo de buena fe, con positividad y amabilidad.

Política.

La política supone un gran peligro para el éxito de la charla casual porque nunca podrás saber si la persona con la que hablas tiene posturas políticas extremas. A menos que quieras arriesgarte a terminar envuelto en una conversación acalorada y desagradable, por favor absténte de comentar sobre política.

Relaciones pasadas.

Las relaciones pasadas son algo así como zonas inciertas para algunas personas, en especial cuando la relación no terminó por mutuo acuerdo. Preguntar sobre estas cuestiones puede ser intrusivo, y podrías terminar disgustando a alguien.

Religión.

Durante una charla casual, debes evitar como a la plaga a los temas sensitivos y privados. Sin importar tu preferencia religiosa, debes comprender que todos tienen la suya propia y, que no debes imponer tus ideas a los demás.

Recuerda la regla C.L.A.C. (Charla Ligera, Amable y Cortés).

Muerte.

Otro tema que debes evitar en serio, es hablar sobre la muerte. No saques a colación nada que se relacione con la muerte. El tema es muy pesado como para tratarse con extraños.

Algunos temas pueden ser tan desagradables para algunas personas, que probablemente no querrán que vuelvas a hablarles nunca si los sacas en la conversación. Pero, ¿y si estás en un funeral?

Bueno, podrías hablar bien sobre la vida de la persona que falleció y, quizás, tratar de estar disponible para los dolientes. Dado que están intentando superar la muerte del ser querido, no les hables de su reciente pérdida.

Bromas ofensivas.

Se llaman bromas ofensivas por una razón. Aún si no pretendes dañar a nadie con tu broma, no sabes quién la sentirá como ofensiva.

Bromas que incluyan declaraciones sexistas, comentarios racistas o estereotipos deberían de evitarse con los extraños. Sí, podrán resultarte muy divertidas a ti, pero eso no significa que no puedan ser hirientes para otros.

Temas para los amigos

Los amigos son geniales y puedes charlar con ellos cuando quieras. Sin embargo, déjame darte algunos consejos sobre temas para cuando te encuentres en blanco.

Preguntas de verdad o reto.

Debido a su naturaleza lúdica, estas preguntas de verdad o reto son muy divertidas si se está entre amigos, especialmente para esas ocasiones en las que se encuentren todos en un evento animado o en una fiesta.

Enseguida algunos ejemplos:

"¿Cuál era tu apodo en la escuela?"

"¿Alguna vez no llegaste al baño a tiempo?"

"¿Qué es lo peor que has hecho?"

Por supuesto, que estas preguntas no son precisamente iniciadores de conversación, así que deberían lanzarse de manera natural cuando la charla está en su punto álgido, y tú y tu amigo se sienten muy cómodos en su mutua compañía.

Preguntas serias.

Aunque estés hablando con amigos, también puede haber oportunidad de conversar sobre temas serios que se relacionen con asuntos graves. Las siguientes preguntas son muy buenas para hacerte una idea de cómo están tus amigos, especialmente si sabes que están pasando por tiempos difíciles.

Por ejemplo:

"¿Cómo están tus padres?"

"¿Qué es eso que te da más problemas?"

"¿Qué pensarías sobre cursar un grado extra?"

Estas preguntas no son idóneas como iniciadores de conversación, pero sí son convenientes para lanzarse más delante. Asegúrate de que las haces en el momento correcto, y de que son apropiadas para la ocasión.

Preguntas del juego '¿qué preferirías?'

Algunas de las preguntas de este juego llegan a ser jocosas e ingeniosas, y podrían incluirse en la conversación para elevar los ánimos. Por ejemplo:

"¿Preferirías una llamada o un mensaje de texto?"

"¿Preferirías bailar de manera incontrolada o cantar de manera aleatoria durante el día?"

"¿Preferirías estar felizmente casado o ser rico?"

Estas preguntas añaden mucha diversión en las conversaciones con los amigos.

Preguntas divertidas.

¿A quién no le gusta una conversación divertida? Las preguntas divertidas, a la vez que nos revelan más sobre los demás, nos relajan y hacen reír. Hay unos asuntos muy específicos que pueden disparar los niveles de diversión.

Por ejemplo:

"¿Qué fue lo más divertido que te ocurrió en un campamento?"

"Si fueras el líder de una banda de rock, ¿cómo se llamarían?"

Preguntas casuales.

Las preguntas casuales son esas que pueden responderse sin pensar demasiado en la respuesta. Son grandiosas para la charla casual entre amigos porque el rango de temas puede ir desde películas, hasta los días de la semana.

Algunos ejemplos:

"¿Cuál es tu color favorito?"

"¿Has visto alguna buena película últimamente?"

"¿Qué te gusta hacer en tu tiempo libre?"

"¿Ves América tiene talento? ¿Quién es tu participante y juez favorito?"

Estas preguntas estratégicas ayudan a que la conversación entre dos amigos surja con facilidad, y les permite conocerse mejor. Mientras tu amigo se sincera contigo, compártele tus pensamientos al respecto.

Temas para el lugar de trabajo.

La charla casual en la oficina parece sencilla, ¿cierto? ,Y aún así, puede representar un desafío para las personas que se sienten marginadas cuando los compañeros de trabajo hablan sobre ciertos temas particulares.

Puede ser que todos hablen sobre fútbol, un show de televisión o un evento próximo y tú te sientas perdido. Te tengo buenas noticias: ¡no eres el único al que le pasa esto! Con los siguientes consejos tú podrás cambiar tu situación en la oficina y establecerás un terreno en común con tus compañeros.

Aún si todos están hablando de algo con lo que no estás familiarizado o que no te gusta, puedes modificar a tu favor el rumbo de charla casual. Todo lo que tienes que hacer es tomar el control de la situación preguntando lo que se acomode a tu estilo de conversación particular.

Pero primero necesitas conocer las áreas comunes de interés. Podrás encontrarlas enseguida, pero no olvides que se trata únicamente de meros consejos que te ayudarán a iniciar una conversación.

Cultura Pop.

¡Todos aman la cultura pop! Podrás tener una conversación sobre esto inspirándote por ejemplo en la escena de alguna película. Si no has mirado la serie de La Corona en Netflix, siempre puedes asentir educadamente a tu interlocutor o hablar en su lugar sobre una serie que ames o hayas visto.

Intenta con éstas:

"Acabo de suscribirme a Netflix. ¿Qué película me recomiendas para mi lista?"

"Quiero ver un nuevo programa, ¿alguna recomendación?"

"Estoy buscando música nueva para agregarla a mi lista de reproducción de Apple. ¿Qué estás escuchando en estos momentos?"

¿Qué tienen en común?

En la charla casual da igual qué puesto desempeñes en tu oficina: es seguro que tendrás una o dos cosas en común con los demás. Probablemente comas con tus compañeros o tomes el transporte con ellos o hagan otras cosas juntos, así que si tomas en cuenta las siguientes ideas podrás hacerles conversación.

Prueba estas:

"¿Cuál es tu lugar favorito para almorzar?"

"Veo que prefieres la impresora del almacén a la del mostrador. Yo también."

"¿Sabes cómo puedo evitar pasar junto al desastre de albañilería en la calle principal?"

Vida de oficina.

La vida en la oficina es algo que tú y tus compañeros tienen en común. Así que la charla sobre este tema interesará a cualquiera que trabaje ahí.

Intenta preguntar estas:

"¿Qué es ese olor que sale de la fotocopiadora?"

"¿Qué tan genial es la nueva sala de juegos?"

"Por favor dime que no soy el único que se quedó atascado en el cuarto elevador y casi tiene un ataque de pánico."

"¿Siempre encuentras un buen sitio de estacionamiento escaleras abajo?"

Habla sobre ti.

Una excelente manera de conectar en la oficina, es siendo tú mismo. Sé auténtico: habla de algo divertido y real que te ocurrió y que otros han experimentado también, pero sobre lo que no se atreven a hablar en voz alta. Olvídate de querer ser el genial de la oficina. Lo que todos queremos es que seas real, para así poder identificarnos contigo.

Te daré unas cuantas ideas enseguida:

"¿Hay alguien tan obsesionado como yo con el pastel de limón que tenemos para el almuerzo?"

"Amo los viernes, desde el lunes siempre cuento los días que faltan para el fin de semana. No puedo ser el único que hace esto."

Viajes.

La mayoría de los colegas en la oficina querrán hablar sobre las vacaciones (pasadas y futuras). Las vacaciones son un tema soberbio para las charlas casuales.

Si has viajado mucho, no presumas ante los colegas. Sé modesto pero apreciativo acerca de tus experiencias. Muestra entusiasmo cuando escuches sus historias y prueba estas sugerencias:

"¿Cuál es el último lugar que visitaste?"

"¿Qué otro viaje tienes planeado para el verano? Si pudieras tomarte un año sabático, ¿a dónde irías, qué harías?"

Charla casual para negocios/ventas

La charla casual es uno de los aspectos vitales de las ventas y, cuando eres creativo, con ayuda de ella puedes disparar tus ganancias. Si eres un empresario o estás en las ventas estarás de acuerdo conmigo en que muchos de los clientes son de tipo emocional.

Estos clientes emocionales entienden la importancia de tu producto en sus vidas, pero aún así requieren de cierta conexión con el vendedor a la hora de la compra. Tales clientes jamás se cansan de tus reafirmaciones sobre los beneficios en sus vidas que tiene tu producto. ¿Y cuándo es que les da estas reafirmaciones? ¡Durante la charla casual!

La charla casual te ayuda a establecer una conexión con los clientes y prospectos al mismo tiempo que te permite sueltes tu discurso de ventas. El desafío de esta charla casual específica, reside en saberla usar efectivamente para ganar el impulso necesario para el cierre. A través de un acercamiento de pregunta-respuesta, debes averiguar cómo satisfacer las necesidades de los prospectos.

Entonces, ¿cómo funciona?

1. Sé breve y sustancial.

En el mundo de los negocios, el tiempo es un bien preciado. Si quieres obtener la atención de las personas, debes demostrarles que respetas su tiempo (sí, aún en una charla casual). A los prospectos les tiene sin cuidado tus extensos comentarios sobre lo genial que es tu modelo de negocios, así que mejor cíñete al contenido que es relevante.

Toda la información que proporciones debe de ser breve, detallada y específica, capaz de despertar el interés del prospecto. Si llevas bien el inicio tendrás otra oportunidad para una conversación futura más extendida.

2. Haz preguntas acerca de los negocios del prospecto.

Si preguntas al cliente sobre su nicho de mercado, le permitirás a él/ella que dirija la conversación (no te preocupes, tendrás el tiempo para soltarle tu discurso de ventas).

Cuando te interesas por este aspecto de tu prospecto, obtienes una ventaja porque él/ella se sentirá más cómodo contigo. Este paso y otros más te permitirán obtener unas ventas altas.

3. Parte de lo general hacia lo específico.

Después de preguntarle al prospecto sobre su línea de negocio, deberías dirigir el rumbo hacia un tema específico. Por específico me refiero a que deberías de hacer una conexión *discreta* entre lo que ofreces y lo que tu prospecto necesita para su negocio.

Te daré un ejemplo. Imagina que trabajas para una compañía que vende equipo de cocina, tú eres el gerente de ventas de la compañía. Tu equipo le vende mayormente a restaurantes y familias.

Mientras haces charla casual con el gerente de McDonald's por ejemplo, gracias este paso, podrías dibujar una sutil conexión entre la nueva parrilla que estás promocionando y cómo esta parrilla podría darle a McDonald's la cocción perfecta de la carne que necesita.

La idea general es "equipo de cocina", y el objeto específico es "juego de parrilla". Estoy diciéndote que deberías ir de lo general hacia lo particular. Esto te permitirá darles un empujón a tus ventas, y te volverás mucho mejor en la charla casual.

4. Pregunta por la perspectiva del prospecto.

Deberías preguntarle a tu prospecto por sus opiniones acerca de las líneas de negocios y de la industria en general. Esta etapa de charla casual te dejará saber sobre las probabilidades reales que tienes para cerrar el trato.

Descubre los sentimientos del prospecto al respecto del nuevo producto que quieres venderle. ¿Resolverá sus problemas? Con este tipo de preguntas obtienes la opinión sincera del prospecto, y además incrementas tu conocimiento para las ventas futuras.

5. Presenta tu producto.

Cuando tu potencial cliente ya está relajado, puedes ir preparándote para la presentación de ventas. En este punto el prospecto ya se ha hecho una idea de lo que le dirás a continuación.

Pero debes hacerlo siendo directo y presentándole información útil. Así mostrarás respeto por su tiempo. Verás que este acercamiento te resultará muy efectivo para cerrar de manera exitosa las ventas.

Preguntas de charla casual (sección extra)

En esta sección encontrarás algunas preguntas aleatorias que son valiosas adiciones a todo lo que has aprendido hasta aquí. Estas preguntas son de distinta índole.

1. ¿Cuál es el mejor consejo profesional que has recibido?
2. ¿Cuál es tu restaurante favorito?
3. ¿Has estado en África?
4. ¿Quién es tu persona favorita de Instagram?
5. ¿Cuál es tu comida de consuelo?

6. Si pudieras viajar a donde quisieras, ¿a dónde irías?
7. ¿Tienes alguna sugerencia de podcast para escuchar mientras viajamos?
8. ¿Estás leyendo un libro por el momento?
9. Si pudieras ver una película varias veces seguidas, ¿cuál elegirías?

Ahora, ojo. Estas preguntas de recién no son iniciadoras sino constructoras de conversación. Siempre puedes cambiarles ciertos elementos, por unos que reflejen la situación actual por la que estás pasando. El punto es, que practiques con estas preguntas. ¿Qué es lo que se dice sobre la práctica? Que hace al maestro. Ahora ya conoces los temas adecuados; los inadecuados serían probablemente uno de los aspectos más importantes de la charla casual pues, a partir de los temas de los que tú y la otra persona hablen, se construirá la conversación.

Puesto que hemos aprendido en qué debemos enfocarnos, y qué debemos de evitar, contamos ahora con una visión más balanceada sobre la charla casual. Lo has hecho muy bien hasta aquí, pero te pido que sigas así. Todavía nos quedan temas por estudiar. El próximo capítulo consistirá en una guía sobre cómo mantener, paso a paso, tus conversaciones con los demás. Esto debería resultarte fácil ahora que conoces los temas en los que debes enfocarte para tener éxito. Ahora pongámonos manos a la obra.

CAPÍTULO SIETE:

Manteniendo la conversación

Algunas personas estarán de acuerdo en que la charla casual es relativamente fácil, especialmente cuando uno ha estado practicando. Pero ¿cómo nos aseguramos de que la conversación continúe? ¿Cómo mantienes el ritmo con la otra persona? ¿Cómo sabrás si la otra persona dirá algo que cambiará el rumbo de la conversación?

Bueno, estas preguntas son muy relevantes y yo te daré las respuestas en este capítulo. Aquí sabrás cómo hacer para que no se te terminen las ideas (y para mantener el flujo de conversación). También aprenderás sobre los métodos FORS y ARS.

Este es el quid de la cuestión: evitar todos los silencios incómodos. Comencemos con algunas ideas clave que harán que no se te acaben los temas de conversación.

Que no se te acaben las ideas mientras conversas

Todos hemos tenido esos momentos en los que la mente se nos queda en blanco mientras charlamos. Rebuscas en tu cerebro por algo qué decir, lo que sea, y entre más tratas más difícil se vuelve.

Entonces llega el silencio incómodo y comienzas a preguntarte:

"¿Soy incompetente para la charla casual?"

"¿Qué irá a pensar de mí?"

"¿Qué está mal conmigo?"

Si esto te ha sucedido antes, ¡estás de acuerdo en que es horrible! No te preocupes, ahora nos haremos cargo de ello justo como lo hemos estado haciendo hasta este momento. Si te quedaste sin nada qué decir, es porque no has practicado lo suficiente y probablemente algo te distrajo mientras tu interlocutor aún estaba hablando.

La práctica y la presencia son dos aspectos importantes con los que debes contar mientras entablas una conversación. Si estás presente, serás capaz de usar bien las ideas que te compartiré a continuación. Jamás te quedarás callado de nuevo.

He aquí tres grandes estrategias sociales que te serán muy útiles.

Primera estrategia.

La primera estrategia es un escaneo rápido. Este acercamiento te otorga una ventaja gracias a las noticias y la información. Cada día antes de que salgas fuera, échale un vistazo a las redes sociales, los periódicos en línea y otras emocionantes plataformas digitales, en busca de nueva información.

El porqué de esta acción, es que podrás usar los titulares (los que no sean sensitivos o radicales) como iniciadores de conversación. Con este método siempre tendrás material fresco y nuevo para la conversación.

Por ejemplo, en la oficina puedes comenzar así:

Tú: "Así que justo antes de irme de casa vi esta entrada sobre Serena Williams en Instagram."

Extraño: "¿En serio? ¿Qué decía?"

Tú: "Acaba de lanzar su marca de ropa."

Extraño: "Genial, siempre me ha encantado Serena. No puedo esperar a ver su colección."

Aquí es evidente que a la otra persona le interesa la moda. Este método funciona muy bien con las personas de la oficina de quienes conozcas alguna preferencia (deportes, moda, etc.).

Segunda estrategia.

Tu segunda estrategia es hacer uso del método "radios", pues te permitirá conectar con quien sea por medio de diversos temas. El nombre de "radios" tiene su origen en los radios de la rueda de una bicicleta. Esta técnica te dice que aunque no conozcas mucho sobre el tema de discusión, puedes simplemente girar en torno a él. Ya sabes, como lo hacen radios en una rueda.

La charla casual es el centro, los radios (temas) parten desde el centro. Los temas pueden ser diferentes pero la conversación debe seguir fluyendo. Así que debes introducir un asunto conocido al tema con el que no estás familiarizado.

No finjas demencia sorda si la otra persona está hablando de senderismo por ejemplo y tú no sabes nada sobre eso. No tienes por qué seguir con ese mismo tema; en lugar de eso piensa sobre el asunto, y menciona algo similar al senderismo con lo que sí estés familiarizado.

También hacer como que eres un principiante deseoso de aprender sobre senderismo. Mientras la otra persona te educa sobre el tema podrás navegar a salvo en la conversación. Resumiendo todo lo anterior, el método de radios te enseña a mantener una conversación con cualquiera, sobre cualquier cosa que se les ocurra.

A continuación un ejemplo:

Extraño "¿Has hecho senderismo últimamente?"

Tú: "Vaya, ¿la gente sale así con este clima?"

Extraño: "Pues claro."

Tú: "Oh, genial. Yo prefiero las carreras de montaña en bicicleta. ¿Has estado en alguna antes?"

Extraño: "Sí, y la disfruté mucho."

El método de los radios funciona porque es un ganar-ganar para todos y porque fomenta conversaciones fluidas sin pausas ni silencios incómodos.

Sin embargo, debes procurar no corregir todo lo que digas, más aún después de que ya lo has dicho. Deja que la conversación siga su curso natural. No tiene por qué ser perfecta, solo necesitas que seas lo suficientemente buena.

Tercera estrategia.

La tercera estrategia es conocida como la de "la victoria rápida". Esta estrategia te dice que no debes pensártelo dos veces cuando haces charla casual, que no debes vacilar al responderle a la otra persona. Si titubeas te sentirás inseguro y entonces darás respuestas tales como "no puedo decir eso" o "no sé cómo responder a eso", por ende, perderás oportunidades. Las dudas permiten que los otros se hagan con el control de la conversación. Conforme esta última siga su curso, lo que tenías en mente para decirles será menos y menos relevante.

Cuando no te lo piensas tanto y tomas acción, aprendes y te desarrollas más rápido. Ahora veamos cómo funciona esta estrategia.

Primero preséntate con la persona o grupo. Enseguida ponte al corriente con el tema del que se habla, dando tu opinión.

Luego aborda los temas interesantes que sean similares al eje de la discusión central.

Siente curiosidad sobre los demás pues esto hará que quieras conocerlos mejor.

Si usas bien estas estrategias podrás obtener una "victoria rápida" cuando hagas charla casual. Tendrás interesantes conversaciones que serán parte de tu identidad, y que lograrán un impacto más duradero en los demás. Lo mejor de todo es que no te quedarás en blanco sin nada que decir.

Que construyas una autoconfianza social es importante para que logres tus objetivos de charla casual. Al contrario de lo que la mayoría de la gente piensa, todos son capaces de construir esta autoconfianza social. Todo lo que necesitan hacer es apegarse a las DOS IDEAS generales que he mencionado antes (estar presente y practicar).

Con consistente presencia y práctica siempre te mantendrás a flote en cualquier conversación; te saldrá solo con el tiempo.

El método FORS

El acrónimo del método FORS representa temas que puedes usar con quien sea, como iniciadores de conversación.

F: Familia. Aquí preguntas por la familia para así conocer mejor a la otra persona. Es posible que más tarde en la conversación ambos vuelvan a mencionar a la familia: si han construido una buena confianza no será incómodo.

O: Ocupación. ¿Recuerdas lo que mencionamos en otro capítulo? A la gente le gusta hablar sobre su trabajo: otra manera de mantener viva una conversación, es haciendo preguntas sobre el trabajo.

R: Recreación. ¡Diversión! Todos amamos aquello que nos divierte, por lo que es un gran tema para tus conversaciones.

S: Sueños. Aquí nos referimos a la especulación, a las ambiciones y esa clase de cosas que las personas querrán hacer a futuro. Casi todos están cómodos hablando sobre sus sueños y metas, así que usa esta oportunidad para tener conversaciones geniales con ellos.

Deberás de ser un buen oyente si no quieres que la conversación devenga en una situación incómoda. Si la persona dijo algo que no entendiste o captaste, pídele educadamente que te lo repita para que así puedas comprenderlo. ¡Sé abierto para compartir así como lo eres para preguntar!

El método ARS

El método ARS, que fue desarrollado por la Dra. Carol Fleming, una experta en comunicación, es buenísimo para las charlas casuales. Este método consiste en un proceso dividido en tres partes, cada una de ellas representando un paso en específico.

A: La A representa "anclaje". En esta etapa hablarás sobre algo que te conecte a la otra persona. Como acabas de conocerla, el punto de comienzo debería de ser un comentario acerca de algo que ambos pueden ver y experimentar.

El anclaje es una forma de establecer una conexión con el otro, por medio de eventos o circunstancias presentes en las que los dos se ven envueltos. En esta etapa de "A" no necesitas preocuparte por decir algo brillante o grandioso. Un inicio directo y agradable es todo lo que necesitas.

Por ejemplo, si ambos se encuentran en una celebración de cumpleaños de un hombre mayor, puedes comenzar con: "¡Esta es una noche hermosa para cumplir ochenta años!". La A del método ARS hará que tengas un buen comienzo, y abrirá paso a que la conversación continúe por buenos derroteros.

R: La R representa a "revelación". Aquí es cuando haces un comentario que se relacione contigo mismo, y que revele un poco más sobre ti. Lo que digas en este punto deberá relacionarse forzosamente con aquello con lo que hayas anclado la conversación.

Después de tu primera declaración, podrías decir: "fui a eventos como este el año pasado, pero en ninguno de ellos el tiempo estaba tan hermoso como en éste".

S: La S representa a "seguimiento". Mediante preguntas de seguimiento, conseguirás alentar respuestas de la otra persona. Cuando no somos buenos para mantener fluyendo a la conversación, es porque no dejamos que la otra persona nos dé sus opiniones. Siguiendo con nuestro ejemplo anterior del cumpleaños, podríamos preguntar "¿qué hay de ti?", "¿has estado antes en un cumpleaños como este?" En cuanto la persona responda, podremos seguir jugando a la papa caliente. ¿Pero cómo es que lo lograremos?

Jugaremos a la papa caliente, preguntándole más cosas y compartiendo nuestros comentarios. Procura mantener el equilibrio entre explicaciones y preguntas. Demasiados comentarios tuyos restringirán las observaciones de la otra persona y demasiadas preguntas tuyas harán que la interacción parezca un interrogatorio.

Podrías preguntarte: ¿y si hay una pausa en la conversación? Bueno, esto es lo que puedes hacer: ¡recordar el acrónimo FORP!

Así es, y significa:

Familia: Pregúntale sobre su familia. ¿Tienen hijos? ¿Nietos?

Ocupación: Pregúntales cómo se ganan la vida y qué es lo que más les gusta de su trabajo. Cuídate de parecer intrusivo y obtén más información extra sobre su profesión.

Recreación: Los temas recreativos pueden ir desde las vacaciones, a su lista de cosas por hacer antes de morir, etc.

Planes: Si haces preguntas sobre sus futuras intenciones, harás que la otra persona comparta más cosas contigo. "¿Planeas ir a otro evento más tarde?"

El método FORP te evitará los clichés a la hora de tener una conversación casual. Por ejemplo, las típicas y molestas preguntas de "¿cómo estás?", ¿cómo estuvo tu semana?", "oh, estoy bien." Esto será mucho mejor que eso, te lo aseguro.

Aún si es necesario que te acerques de una manera más típica, trata de hacer algunas preguntas más interesantes.

Te daré algunos consejos extras:

Menciona tu nombre más de una vez. Es fácil que a la persona se le olvide tu nombre en mitad de la conversación. La repetición, en este caso, ayuda con la memoria y es una manera excelente de hacer una primera impresión.

Evita las respuestas de monosílabo como "sí", "claro" y "no", pues hacen que parezca que no quieres charlar.

Por último, siempre anuncia una salida limpia diciendo la frase, "necesito…" o también "discúlpame, necesito llamarle a..." o "fue lindo conocerte, ahora iré por algo de comer." Puedes hacer elogios como "disfruté nuestras historias de viajes. Espero hablemos pronto de nuevo".

Algo que es muy característico de la charla casual, es que tiene un patrón. Una vez que ya te lo conoces al dedillo, puedes tener charlas casuales geniales sin que importe con quién estés hablando. Los conceptos en este capítulo te han dado a conocer algunos de estos patrones de charla y, si los usas junto con todo lo que has aprendido hasta aquí, te beneficiarás en el largo plazo.

Nos acercamos al final de este libro, pues el siguiente capítulo nos enseñará a abandonar con elegancia la conversación con otra persona. ¿Qué puedes hacer cuando ya has terminado de hablar? ¿Simplemente te das la media vuelta y te vas? ¿Sonríes y dices adiós con la mano? Averigüémoslo en el siguiente capítulo.

CAPÍTULO OCHO:

Salida planeada - Abandonando con elegancia las charlas casuales

No muchos de nosotros tenemos en cuenta que también debemos practicar el cómo terminar positivamente las conversaciones. Por consecuencia muchos aprenden sobre el inicio y mantenimiento de las conversaciones, pero fallan a la hora de la salida.

Sí, es fantástico hacer una buena primera impresión pero, ¿qué hay de la última impresión? ¿Qué deberías hacer cuando la conversación llega a su fin? ¿Cómo deberías decir que te vas? ¿Qué es lo que hace a una buena salida? ¿Es posible que nos recuerden porque dejamos una grandiosa última impresión? Veamos.

Qué decir y cómo decirlo

Hay muchas razones por las que una persona querría terminar con una conversación. Tal vez quiere volver a una tarea que realizaba antes o querrá hacer algún mandado. Puede ser que ya no esté de un humor conversador o que quiera mantener su distancia con la otra persona.

La manera en la que finalizas una conversación depende mucho del contexto. Puede que te hayas topado con ese alguien, o que recibiste una llamada inesperada. Por lo general cuando comienzas a conversar con alguien, es aconsejable que tengas contemplado el tiempo que durará la conversación.

Si monitoreas tu tiempo, serás capaz de tener el final perfecto. Sin embargo, procura no ser tan rígido, especialmente si la conversación se vuelve fascinante y estás cómodo con la otra persona. Mantén la conversación todo lo que puedas y luego termínala bien.

Entonces, ¿qué deberías de decir cuando una charla casual está por terminarse?

Termina rápido y sin complicaciones.

No tienes porqué decir algo formal o dar una gran declaración para terminar con la charla. Una gran declaración no tiene cabida en una charla casual porque arrastra la conversación y puede que ponga las cosas incómodas entre los dos.

Di adiós, sencillo y rápido. Así no quedará oportunidad para más charla adicional que pueda arruinar la experiencia completa. Está bien decir sin más que deseas irte. Enseguida encontrarás algunos ejemplos:

"Tengo que irme ahora. Fue bueno hablar contigo."

"(Durante una llamada telefónica) Bueno, es tiempo de que me vaya. ¿Hablamos más tarde?"

"De acuerdo (asintiendo a lo que han dicho)."

"Disfruta el resto de la velada. Buenas noches."

Los ejemplos anteriores te dan ideas sobre cómo puedes abandonar una conversación sin más comentarios adicionales. Si aplicas estas sugerencias podrás finalizar las conversaciones: el punto aquí es que termines la charla de una manera efectiva y rápida.

Simplemente abandona la discusión del grupo.

Una discusión de grupo es diferente, ya que no se te requiere que digas nada en particular. Si te has involucrado en una charla de grupo en una fiesta, puedes irte pasados unos pocos minutos.

Todo lo que debes hacer es alejarte. En las discusiones de grupo las personas llegan y se van sin que perjudiquen el flujo conversacional. Pero si irte en silencio así nada más es algo incómodo para ti, indica que te vas mediante un asentimiento o con un gesto de la mano.

También puedes dirigirte a la persona a tu lado, para comunicarle que te vas.

Resume todo lo que has dicho.

Otra manera memorable de terminar con las conversaciones, es resumiendo todo lo que has dicho hasta el momento. Este método es una transición elegante entre la charla y conclusión.

Comenta el tema más reciente y haz un breve resumen de la discusión, antes de que anuncies tu salida. Estos ejemplos a continuación te servirán de guía:

"Sí, claramente eso es lo que ha estado sucediendo en la compañía. Bueno, debo irme ahora. Charlemos en otra ocasión."

"Tú lo has dicho, el diseñador de interiores pudo haberlo hecho mejor. Esperemos que sea así la próxima vez que vengamos a la convención. Nos vemos luego."

Vete sin decir demasiado.

No te atasques en la parte final de una conversación llena de discusiones excesivas sobre cosas irrelevantes. No des ideas nuevas que podrían darle más cuerda a la conversación. Recuerda que estás al final y deseas irte, así que no te lo pongas más complicado.

Sal con elegancia.

Sé que terminar con una conversación puede llegar a ser difícil. Es por ello que debes prestarle atención suficiente a cómo terminas tu charla casual. Consideremos a continuación algunos consejos e ideas que podrás implementar para hacerlo:

No eres el único que piensa en cómo acabar la conversación.

Deberías saber que no eres el único que tiene ganas de terminar la conversación. La otra persona podría estar pensando lo mismo. Las personas involucradas en la charla casual saben que terminará, así que están dispuestas a terminarla llegado el tiempo.

No te preocupes por herir los sentimientos de la otra persona. Cuando necesites finalizar la conversación, si sabes que ellos podrían estar sintiendo lo mismo, te relajarás y lo harás con facilidad.

Anuncia el fin.

Cuando estamos por terminar algo, es bueno si indicamos que es así. Puede que la charla casual no sea un asunto serio pero, si eres ducho en ella, el hecho de que estás a punto de terminarla podría ser decepcionante para la otra persona.

Para que termines de buena manera es necesario que amortigues el impacto de tu partida. Esto lo logras anunciándolo con anticipación. Cuando haces esto la mente de la otra persona se programa, y queda automáticamente preparada para el final de la charla. Hay varias formas de hacer esto. Los ejemplos a continuación harán que entiendas mejor a lo que me refiero.

"Prometí a la novia que le presentaría a un invitado especial, pero antes de eso déjame conocer tu punto de vista."

En este ejemplo de recién, el hablante ha indicado el final de la charla al informarle a la persona que él/ella necesitará ir pronto con la novia (asumiendo que esto es una boda). Otros ejemplos más:

"Tengo muchas ganas de ir a probar esos pasteles de allí, pero, dime, ¿qué piensas de la decoración?"

"Visitaré esa exposición que está más allá después de que me cuentes todo acerca del nuevo producto que tu firma lanzará la próxima semana."

Haz presentaciones.

Otra manera de irte elegantemente, es haciendo una presentación que parezca natural. Este paso te permite que hagas una salida muy suave al presentarle otra persona a tu interlocutor. Además, mientras aprovechas para hacer tu graciosa salida, le darás a esta persona la oportunidad de conocer a alguien más.

Pero sé cuidadoso, pues no se supone que le presentes a cualquiera. Debe ser alguien que tenga relación con tu tema de conversación, alguien que pueda ser un mutuo contacto con la persona que acabas de conocer.

Si la otra persona está hablando entusiasta sobre la decoración o el diseño de interiores, podrías presentarla al decorador de interiores. Para que este plan vaya bien debes estar consciente del tiempo, la presencia y la persona a la que presentarás.

No dejes a tu compañero allí solo mientras traes a la persona que vas a presentarle. Si vas a usar esta estrategia, ya deberás de haber escaneado la habitación para saber dónde está tu posible candidato.

Entre lo que puedes hacer está:

"Oye, allí está el chef. ¿Quieres conocerlo?"

"Necesitas conocer a este DJ, así podrás contratarlo para tu próxima fiesta."

Da una razón para terminar con la conversación.

Da razones del porqué tienes que irte y asegura que disfrutaste la charla. Así podrás terminarla y darás pie a futuras conversaciones de seguimiento.

Por ejemplo:

"Me ha encantado que hablemos, pero acabo de darme cuenta que son las 8:30 y tengo que estar en casa a las nueve. ¿Podemos seguir charlando en otra ocasión?"

"Oh, solo mira cómo se ha puesto el clima. Si no me voy ahora me mojaré."

Estarás de acuerdo con que los anteriores ejemplos expresan decepción por no poder continuar con la charla, muestran aprecio por la interacción pero determinan también una salida. Cuando usas este método, además de verte elegante, formas una gran conexión con la otra persona.

Usa tu entorno inmediato.

Puedes usar tu entorno inmediato para general un final orgánico. Por ejemplo, si hay un puesto de bebida donde estás parado, puedes animar a la otra persona a que tome otra bebida. Ellos sabrán que no es tan probable que se encuentren de nuevo debido al gran número de asistentes. Además, de que seguramente se toparán con alguien más para hablar.

Si estás en una fiesta en la piscina por ejemplo, podrías sugerir que ambos vayan a nadar. Si haces esto puedes terminar con la charla casual. Pero antes de usar esta estrategia, asegúrate de que has dicho todo lo que tenías para decir y, de que estás listo para terminar con la conversación.

Dejando una última impresión excelente

Las personas tienden a recordar el principio y el final de los eventos, por lo regular tienen más problemas para evocar lo que ocurrió a la mitad. Piensa en una novela que inicia con mucho suspenso; recordarás todo una vez que termines pero conforme pase el tiempo, solo recordarás el principio, el final y, quizás, el clímax.

Un novelista crea un balance entre el principio y el final de su historia. Tú deberías hacer lo mismo. No pases demasiado tiempo pensando cómo harás una primera impresión mientras que te olvidas de la última que dejarás. Te daré algunos consejos con los que podrás lograr una buena impresión final.

1. **Antes de irte haz un poco de contacto físico.**

    En la mayoría de los casos, hacer contacto físico justo antes de irte crea un lazo entre los dos. Un apretón de manos es un signo de afinidad, te vuelve memorable y simpático.

    Es bueno si das un cálido y firme apretón de manos justo antes de irte o, si conoces un poco más a la persona, un abrazo discreto. En algunas culturas, los besitos en las mejillas son idóneos cuando conoces a alguien. Siempre ten presentes todas las implicaciones culturales de tus acciones.

    Tus apretones de manos deberían ser firmes (esto te destacará del resto). Tus dedos deberían estar rectos en vez de curvados, para que así puedas rozar sus palmas. Un buen apretón de manos hace maravillas.

2. **Haz contacto visual y termina con una sonrisa.**

    Ya hemos hablado en capítulos previos sobre la importancia del contacto visual y las sonrisas. Estas señales no verbales son muy importantes en las despedidas.

    Si miras a los ojos a la persona, das la impresión de que eres directo, abierto y cálido. Cuando hagas contacto visual, sonríe y deja que esa sea la imagen que la persona conserve de ti.

    El contacto visual permite también que reconozcas los rasgos faciales de la persona, así que si te la topas nuevamente, recordarás la charla casual que tuvieron y podrás comenzar desde allí. Una sonrisa es una tremenda herramienta no verbal para dejar últimas impresiones.

3. **Muévete con intención.**

    Evita quedarte parado cambiando tu peso de un lado a otro porque estás dudando si irte o no. Debes moverte intencionadamente, ser amistoso a la vez que firme mientras te despides. Asegúrate de que sabes lo que harás a continuación pues así podrás mencionarlo con discreción para preparar tu salida.

Esto significa que si te mueves para ir a hablar con alguien más o hacer otra cosa, ya lo sabías desde antes. Si pareces inseguro acerca de irte, solo provocarás un montón de incomodidad y arruinarás cualquier intento de dejar una última buena impresión.

Algunos ejemplos de esta estrategia incluyen:

"Ha sido un placer hablar contigo pero necesito llegar a mi auto. Gracias."

"¡Vaya con la experiencia que tuviste! Necesito ir con el novio que está allá, pero espero podamos hablar sobre esto de nuevo. Gracias."

4. No des cortón a la persona.

A veces estamos tan enfocados en terminar una conversación, que cortamos de manera inapropiada a la persona cuando aún está hablando. Sí, sabemos que tienes prisa y que quieres irte, pero también sabemos que ardes en deseos de dejar una última impresión tremenda. Para que esto se logre necesitas mostrar respeto por tu interlocutor.

Para que nunca des cortón ni por accidente, debes tomar el control de la conversación y dar pistas de que te alistas para irte. Si la persona continúa hablando, permítele que termine y después finaliza la charla (pero recuerda no hacerlo antes de esto).

Si das cortón a la persona, aparte de parecer grosero darás una impresión incorrecta sobre ti a él/ella. Dado que algunas personas simplemente no quieren dejar de hablar, debes de ser tolerante.

No obstante, si llega a ser NECESARIO que des el cortón (en esos casos raros que necesitas marcharte, y la persona no para de hablar), entonces te sugiero las siguientes ideas:

"Odio interrumpir el flujo de tus pensamientos, pero tengo que irme."

"Perdón por interrumpirte, pero si no hablo con el director ahora, él dejará pronto los terrenos de la escuela."

"Qué historia tan inspiradora, es una pena que no pueda quedarme a escuchar el resto."

5. Agradece a la persona.

Cuando estés listo para irte, recuerda mirar siempre a los ojos a la persona: agradécele diciendo: "gracias." De esta manera les agradeces por su tiempo o por una fantástica charla.

Podrás darles dos veces las gracias cuando quieras abandonar la charla e irte: mientras dices gracias, hazle sentir a la persona que disfrutaste el tiempo a su lado.

Algunos ejemplos son:

"Gracias por tu tiempo esta noche. Ha sido maravilloso charlar contigo."

"Gracias por tus extraordinarias sugerencias de comida. Me lo pasaré bomba probando las recetas."

6. Mantén conversaciones abiertas.

Otra manera de dejar una fantástica última impresión, es manteniendo conversaciones abiertas. La próxima vez que te encuentres con esta persona, los dos tendrán un considerable terreno en común para retomar el hilo de la conversación. La otra persona estará emocionada de volver a hablar contigo, e incluso puede que se pregunte sobre cómo será la próxima conversación que tengan. Ten en cuenta que tener una conversación abierta no aplica para todas las situaciones pero, si aplica en la presente, haz que cuente.

Hemos alcanzado una narrativa balanceada sobre cómo iniciar y terminar elegantemente, con quien sea, nuestras charlas casuales. Si haces caso de todas estas ideas y conceptos podrás mantener a como dé lugar la conversación. Estamos acercándonos al final pero aún nos queda más por aprender. En el siguiente capítulo nos enfocaremos en cómo podrás formar conexiones genuinas con las personas.

CAPÍTULO NUEVE:

Creando conexiones genuinas con los demás

Las conexiones que formamos con las personas determinan las experiencias que tendremos con ellas. Cuando logramos conexiones fantásticas con la gente, todo aquello que se relaciona con la conversación se vuelve agradable. A estas alturas podrás iniciar y terminar una charla casual, pero la pregunta clave es la siguiente: ¿puedes generar una conexión genuina con la persona, del tipo que formará una amistad duradera?

¿Conoces cuáles son esas preguntas que te llevarán a una conexión más profunda? ¿Estás al corriente de las señales que indican que estás conectándote con la persona? ¿Acaso la charla casual puede volverse más significativa?

Si observas el patrón existente con este libro, notarás que tiendo a hacerte muchas preguntas. Esto es porque las preguntas son una de las maneras más rápidas para aprender cosas sobre la vida. Las preguntas nos enseñan sobre dos cosas específicas:

1. Qué sabemos.
2. Qué no sabemos.

Si contestas de manera correcta una pregunta, significa que entiendes el concepto del que se habla. Cuando no es así, esto nos indica qué es lo que debemos aprender sobre el tema. Con estas preguntas que te he lanzado, serás capaz de distinguir entre aquellos conceptos que conozcas y, aquellos que ignores.

Comencemos con las perspectivas/enfoques que te ayudarán a generar una conexión con la gente.

Perspectivas/enfoques de charla casual

La charla casual es una de las maneras más rápidas y orgánicas para formar conexiones con la gente. Como ya sabes, son muchas las ventajas que la charla casual te otorga. Sin embargo, no quisiera repetírtelas de nuevo hasta que te aburras.

Esta sección te mostrará los distintos enfoques que te ayudarán a generar conexiones genuinas. Usando estas ideas y los demás conceptos que has aprendido hasta este momento, te convertirás en un mejor comunicador que conecte más fácilmente con otros. ¿Comenzamos?

Aprovecha lo que digan.

Usar lo que el otro diga como si fuera un ancla conversacional, es una manera excelente para hacer charlas casuales. Este acercamiento le brinda el protagonismo a la otra persona y te ayuda a ti a conservar una relación perfecta con él/ella.

Es muy bueno si siempre estás atento a los elementos que puedes usar como catalizadores de conversación. Por medio de las palabras y temas sugeridos que los demás mencionan, los ayudas a mantener el rumbo de la conversación.

Encuentra qué los hace especiales.

Todos tenemos cualidades que nos hacen especiales y nos distinguen de los demás. Cuando alguien identifica nuestras cualidades excepcionales, nos sentimos bienvenidos, amados y apreciados.

Podrías entablar una conexión genuina con alguien, simplemente identificando y elogiando lo que los hace únicos. No tiene por qué ser algo relacionado con el carácter (los acabas de conocer), puede ser algo de la personalidad o un atributo visible que posean.

No presiones a que vean y acepten tu perspectiva.

Otro aspecto que debes tener muy en cuenta, es el evitar imponer tus perspectivas a los demás. Sí, posees opiniones fuertes y quieres que el mundo entero te escuche. Sin embargo, la charla casual no es el momento indicado para adoctrinar personas. Es para generar conexiones y aprender de los demás, no para enseñar.

Siempre concédeles importancia a las opiniones de los demás y encuentra un algo en común con él/ella. Más delante en el capítulo veremos más a fondo de qué trata este terreno en común.

Revela algo personal.

Este enfoque de charla casual también construye conexiones genuinas. Cuando compartes algo personal, envías un mensaje: estás abierto para una relación con esa persona, lo cual es la quintaesencia de la charla casual.

Pero, por favor sé cuidadoso con lo que compartes (si es que optas por este acercamiento). No compartas cosas demasiado personales (por ejemplo, un aborto o la muerte de un hijo). Evita compartir recuerdos dolorosos tan pronto tengas contacto con la persona nueva. Conóceles mejor primero. Podrías compartir desafíos del trabajo o tus problemas para adquirir una buena propiedad. No debes asustar a la persona revelándole mucho, demasiado pronto.

Las preguntas te llevan a conexiones más profundas.

No todas las preguntas fomentan una conexión profunda. Algunas se contestan con "sí" y "no", y algunas más requieren de respuestas sucintas y directas. Pero si lo que quieres es conectar, intencionalmente deberás hacer preguntas que fomenten conexiones profundas.

Las siguientes preguntas son de un tipo que va más allá de lo superficial. Te ayudarán a tener un mayor impacto en la persona con la que hablas.

1. "¿Por qué vives en este barrio?"
2. "¿Cuál es tu visión al respecto de esta organización sin fines de lucro?"
3. "¿Cómo te sientes al respecto de tu situación de vida?
4. "¿Qué nueva habilidad quisieras aprender?"
5. "¿A qué personaje histórico admiras?"
6. "¿Por qué rasgo te reconocerían si fueras una celebridad?"

Maneras de hacer charla casual significativa

En algunas charlas hay profundidad y en otras solo intercambias cumplidos agradables y anécdotas de escasa relevancia. Sin embargo, tú deberías de esforzarte por tener conversaciones significativas que hagan a un lado ese estigma de que la charla casual no es más que una pérdida de tiempo. No lo es y nunca ni lo será, si es tu intención tener una conversación relevante. Aún con todo lo anterior, una charla así no siempre será la mejor elección. Por ejemplo, puede ser que no tengas intenciones de entablar una conversación con un extraño (tus razones tendrás), por lo que sería mejor que te apegaras a un guión soso y ordinario.

Pero si estás buscando una relación con la persona y deseas continuar con la conversación, tendrás que hacer mucho más que eso. Por más me refiero a que tendrás que seguir los consejos que te presentaré enseguida, pues te serán muy útiles.

Celebra sus éxitos.

Si deseas que tu charla casual con otros sea más significativa, alégrate por sus progresos cuando los compartan contigo. Por éxitos, me refiero a estas pequeñas piezas de información que ellos te dejan saber y que son indicativas de su progreso como personas.

Podrías añadir ciertas exclamaciones que dejen ver tu alegría por ellos. Algunos ejemplos son: "genial", "sorprendente", "eso es muy bueno". Si te cuentan que han viajado a la ciudad del Vaticano y han conocido al Papa, no lo dejes pasar. Responde a toda esa información, celebrando sus éxitos con exclamaciones de júbilo.

Enfócate en el interés.

Puedes tener una conversación más elocuente si te concentras en los intereses mutuos. ¿Cuáles temas de conversación son atractivos para los dos? Aprovecha estos temas y explótalos al máximo.

Encontrarás que tu charla casual tendrá más relevancia si te enfocas en los aspectos que son más importantes para los dos.

El regalo de tu cercanía emocional.

Para tener conversaciones profundas es necesario que seas tú quien elija compartir algo personal o que te haga sentir vulnerable. Cuando lo hagas, la otra persona se dará por aludida y devolverá el gesto de confianza. Entre las dos partes, en ocasiones, uno de ellos está esperando a que el otro dé el primer paso.

Si compartes algo sobre ti, estarás teniendo una conversación significativa de implicaciones profundas. Esto hará que la futura charla de seguimiento surja naturalmente. Las personas por lo general responden de la misma manera ante dichos gestos, así que da el primer paso para una experiencia más recompensadora y conectiva.

No (siempre) rompas el silencio.

No siempre debes imponerte con palabras para romper los silencios. Si haces esto, la otra persona se volverás perezosa y dejará que tú tomes el control, lo que te llevará a una conversación unilateral.

Deja que la otra persona tome el control, y participa de vez en cuando. Aún si sabes qué es lo que debes decir para romper con el silencio, resístete a solucionarlo y permite que la charla fluya con naturalidad.

Si tienes tiempo, alienta las descripciones detalladas.

Si tienes tiempo, puedes dejar que la otra persona te dé descripciones a detalle. Esto podría motivar una conversación fascinante. Anima a la persona cuando él/ella estén mostrando entusiasmo por algo, usando frases como "¿y luego?", "esto es muy interesante" y "vaya, no sabía eso."

Recuerda que el punto a tener en cuenta con este paso, es que solo debes usarlo cuando tengas tiempo. No tendría sentido que muestres este tipo de interés y después en mitad de la charla, des cortón a la persona diciéndole que quieres irte.

Señales de que estás conectando con alguien

¿Cómo sabrás si está funcionando todo lo anterior? ¿Cómo sabrás que ya has conectado con alguien?

En esta sección final descubrirás cuáles son los signos que te dirán lo bien que estás conectando con alguien.

Por favor, toma nota de que entre las ideas que encontrarás debajo hay excepciones, y de que cuando llegues a ellas yo te las señalaré.

1. **Notas una sonrisa ligera.**

Una forma fantástica para saber si estás conectando con alguien, es que él/ella te dedica una sonrisa mientras hablas. Esa sonrisa es una señal de que están disfrutando genuinamente tu compañía, de que les está encantando charlar contigo. Asegúrate de devolverles la sonrisa.

2. **¿Tienen algo en común?**

Incluso si tienen pequeños desacuerdos en algún punto de la charla casual, deberían de contar con algunos momentos de afinidad pues estos últimos son señal de una gran conexión. La mayor parte del tiempo, el entorno social contribuye mayormente a este algo en común porque los dos pueden obtener temas de charla por este medio.

Por ejemplo, ¿a los dos les gusta el entorno de la fiesta? ¿Son colegas de la oficina? Si las personas del lugar están allí por las mismas razones que tú, hay una probabilidad más alta de que tengan algo en común contigo.

Si tienes dificultades para encontrar un terreno en común, entonces es seguro que quizás no exista ninguna conexión entre ustedes. Pero no pierdas la esperanza, aún puedes hacer que sientan una inclinación hacia ti si tomas lo que dicen, y lo usas de respaldo para construir una afinidad (esto puedes hacerlo cuando estás interesado en forjar una conexión).

3. ¿La persona está haciendo contacto visual?

El contacto visual es significativo durante la charla casual pues es un signo visible de afinidad. Por supuesto, que ya conoces la diferencia entre contacto visual y mirar fijamente, así que sabes que no deseamos que nos miren fijamente, pero tampoco queremos que no nos miren en lo absoluto.

Si la persona evita intencionalmente el contacto visual, él/ ella no ha conectado contigo. Puedes hacer que la persona te espejee haciendo contacto visual con ella pero, si no te corresponde, significa que no quieren hablar más contigo.

4. ¿Buscan hacer más conversación?

Cuando comiences a hablar, trata de averiguar si la persona está intentando saber más acerca de ti o si quiere conocer un poco más de lo que estás hablando. Después del hola inicial, deberías de hacer preguntas basadas en los comentarios del individuo. Así comprobarás su interés con base a las respuestas que dé.

Si llevas tú todo el peso de la conversación y ellos no te hacen preguntas, significa que no están interesados. Sin embargo, puedes estar seguro de que has formado una conexión si después de los tres primeros minutos siguen respondiéndote de buena gana.

5. ¿Están compartiendo información contigo?

Cuando una persona comparte información contigo sin que se lo pidas, significa que se siente conectada a ti. Esto es también un signo de familiaridad.

Por otro lado, si no comparten información pese a que les estás preguntando, podría ser un signo de que no están cómodos contigo—o, simplemente, que no son muy versados en la charla casual. Si sientes esta actitud distante, podrías tratar de llegar a ellos compartiéndoles información sobre ti. Mira cómo reaccionan a eso.

6. ¿Te espejean?

El espejeo es crucial. Cuando hables, debes prestarles atención a los movimientos de la otra persona. ¿Recuerdas cuando hablamos de espejeos en otro capítulo? De acuerdo a investigaciones sobre la comunicación, los humanos tendemos a reflejarnos unos en otros cuando estamos interesados o cuando hemos formado una conexión.

A veces estamos tan cómodos con cierta persona, que el espejeo se vuelve un acto inconsciente. Espejear a los demás les reafirma el mensaje de que nos gusta estar cerca de ellos. En caso contrario, si estás haciendo gestos con tus manos y la otra persona permanece rígida, podría ser un signo de que quieren terminar la conversación.

7. ¿Prestan atención a los detalles que compartes?

Que presten atención a lo que dices es otra señal positiva. Si él/ella olvida con frecuencia lo que dices, significa que aún no ha conectado contigo.

Pero si la persona está escuchando con entusiasmo tus historias, ya tienes un gran compañero de charla casual. Como comprobación a este punto, puedes repetir algo varias veces y después preguntarle al respecto. Si no te entienden significa que no han estado escuchándote. Por lo tanto, tampoco han generado una conexión contigo.

8. ¿Hacen contacto físico?

Si han formado una conexión contigo, ellos empezarán a sentirse tan cómodos que harán contacto físico. Por otro lado, hay personas que a pesar de todo lo que digas, jamás se acercarán a ti pues desean una interacción mínima.

Estas personas jamás te darán un apretón de manos, un abrazo ni mucho menos te tocarán. Si tú les extiendes la mano, ellos la tomarán con menos fuerza de lo esperado. Sin embargo, cuando todo va bien y la otra persona ha establecido una conexión contigo, no se apartará de un contacto físico respetuoso.

Ten en cuenta que puede ser que la persona esté cómoda contigo, pero tenga ciertos reparos respecto al contacto físico con extraños. Así que no te lo tomes personal si él/ella no corresponde tus gestos de acercamiento.

9. ¿Qué hay de la regla de "el sentido de los pies?"

Hay un antiguo dicho que dice que cuando una persona está interesada en ti, sus pies apuntarán hacia ti mientras hablas. Sí, es viejo pero verdadero. Mientras conversas, echa un vistazo a los pies de la persona. Si apuntan hacia ti es buena señal. Significa que él/ella está espejeándote porque quiere continuar charlando.

Por el contrario, si sus pies no están apuntándote significa que no están interesados, y que quieren terminar con la conversación. Ten en cuenta que esta es una vieja regla. No está escrita en piedra ni mucho menos, además de que las personas se mueven como les place y juzgan necesario. Podría no aplicarse a todas las situaciones así que lo dejo a tu criterio.

10. ¿Bajan la guardia cuando están contigo?

Una buena señal de que has formado una conexión es cuando los demás bajan la guardia contigo. Con algunas personas puedes saber que sus defensas siguen arriba: brazos cruzados sobre el pecho, hombros rígidos o piernas cruzadas.

Pero una vez que observes completamente relajada a esa persona, sabrás que ya no está a la defensiva, que se siente libre contigo. Esta señal te hace saber que has hecho una gran conexión con ellos.

Conectar con las personas es una experiencia enriquecedora. Así hacemos a nuestros amigos de toda la vida. Así que ahora que sabes cómo construir auténticas conexiones, podrás tener éxito para hacer charla casual con cualquiera que se te plante enfrente.

El próximo capítulo será el último de este libro. Ya cuentas con las bases, ya tienes todas las destrezas necesarias. Ahora simplemente necesitaremos perfeccionar esas destrezas. Estamos refiriéndonos a un dominio.

CAPÍTULO DIEZ:

Dominando el arte de la charla casual

Hemos aprendido las ideas más básicas y profundas del arte de la charla casual. Han contribuido inmensamente a que sepas cómo comenzar y mantener una conversación durante cierto tiempo. Siempre te he animado a que apliques tus habilidades con unas charlas casuales. Aun así, incluso si te sientes ahora como todo un maestro, siempre hay más por hacer antes de poder decir que lo dominas por completo.

Comencemos con un recordatorio del por qué hacemos charla casual. ¿Por qué vale la pena? Y, claro, determinemos qué podemos hacer para dominarla. Algunas de las ideas que te describiré quizás te suenen familiares, pero recuerda que las consideraremos desde la posición del aprendizaje para ganar en maestría.

El arte de la charla casual, y por qué vale la pena

Antes de que ganes dominio de algo, ¡debes saber sobre su valor! ¿Por qué esta idea debe ser importante para ti? Cuando hayas entendido la importancia crucial de la charla casual, comenzarás a hacer esfuerzos conscientes por dominarla.

Piensa acerca de todas esas relaciones distantes que se han vuelto cercanas. ¿Cuál fue el momento crítico para esas conexiones? ¿Cómo esos extraños se convirtieron en tus mejores amigos? La respuesta es simple: ¡charla casual!

No solo obtendrás amistades perfectas como beneficio de la charla casual. También te decidirás a tomar seriamente este concepto del dominio. Descubramos más al respecto, ¿te parece?

1. La charla casual es espontánea.

Uno de los beneficios de la charla casual, la razón del por qué vale tanto la pena, se debe a su espontaneidad. Con discursos u otros patrones comunicativos necesitas de cierta preparación previa, pues estás obligado a cumplir con cierto estándar requerido.

Sin embargo, con la charla casual debes de ser tan bueno como en aquella comunicación construida previamente. La espontaneidad de la charla remueve cualquier presión que hayas sentido anteriormente y te mueve a ser tú mismo.

2. La charla casual puede inspirarte nuevas ideas.

Sí, en la charla casual estás obligado a generar ideas constantemente pues interactúas con gente nueva que posee opiniones diferentes a las tuyas sobre la vida y el trabajo.

Si prestas atención al contenido de las conversaciones, estarás de acuerdo conmigo en que siempre hay algo nuevo qué aprender. Tu perspectiva en asuntos específicos también se modificará con frecuencia porque la interacción es la base de la educación.

3. Te ayuda a aceptar tu valor real.

Cuando te hayas enganchado en una charla casual, te verás a ti mismo a través de los ojos de otra persona. Si la persona te elogia y nota el valor de tus palabras, tú empiezas a reconocer tu verdadero valor.

Muchas personas trivializan sus opiniones porque piensan, erróneamente, que éstas son insignificantes. Pero tú, cuando hables con alguien por unos cuantos minutos, y él/ella diga "Vaya, tienes una perspectiva increíble", aprenderás a valorar esa observación y afectará la forma en la que te percibes a ti mismo.

4. Te vuelves un mejor admirador.

La charla casual te permite volverte un mejor admirador de los demás. Algunos no son muy buenos para conectar con los demás porque no se involucran en algo que consideran una conversación infructuosa, esto, solo los aísla.

Cuando comiences a compartir tus pensamientos con otros, te enamorarás de la diversidad y singularidad de la naturaleza humana. Esto influenciará tu habilidad para ser un mejor admirador de las personas que reconocen sus errores, pero respetan y valoran, al mismo tiempo, sus propias opiniones.

5. Te ayudará a crear impresiones duraderas.

Hemos dedicado un capítulo completo dedicado a crear impresiones duraderas porque es importante. Estas impresiones son un trampolín hacia conversaciones de seguimiento que darán pie a que nuevas relaciones se formen.

6. Adquirirás un don de gente.

Una de las características de los líderes, es que tienen un don para la gente. Una persona así se puede relacionar con cualquiera, a cualquier nivel. Le permite liderar con un propósito.

Imagina a un gerente que tiene una charla casual ocasional con los miembros del equipo. Estarás de acuerdo en que, a través de esas pequeñas conversaciones, tú aprenderás más sobre la gente que trabaja para ti y sabrás cómo elogiar sus habilidades para bien de la empresa y, lo que es aún mejor, para el bien de ellos.

7. No tendrás problemas en sostener una conversación viable.

La dificultad de mantener conversaciones increíbles con gente nueva es real, especialmente en una era digital. Pero una persona proficiente en la charla casual no sólo no experimentará dificultades, sino que será excepcional para iniciar una conversación y sabrá a incluir a más personas en ella.

La charla casual te ayuda a llevar de principio a fin, una conversación sin silencios incómodos y sin otros manierismos que puedan afectar el flujo de una conversación apropiada.

8. Puede dar un gran empujón a tu carrera.

Dentro del mundo corporativo y otros lugares de trabajo, aquellos que son buenos para las charlas casuales suelen moverse con más rapidez por la escala corporativa gracias a que son buenos para conectar con los demás.

Estos individuos llamarán la atención de la gerencia principal porque cada compañía evalúa las habilidades duras y suaves de cada prospecto. Lo que haces por la compañía, son tus habilidades duras; tu habilidad para comunicarte efectivamente con tus colegas, es tu habilidad suave. ¡Una combinación de ambas habilidades dará un empujón a tu carrera!

Las mejores prácticas para mejorar tus habilidades conversacionales

Si alguna vez has tenido problemas con las habilidades de conversación, entonces necesitarás practicar en más charlas casuales. Cuando hayas aplicado este principio, notarás una mejoría significativa en tus habilidades comunicativas y en tu destreza para acercarte a los extraños.

La charla casual transforma por completo la manera en la que concibes la comunicación. Dejarás de verla como algo estresante, a considerarla como ese puente que te permite conectar con otros. Es por esta razón que debes tener la intención de dominar el arte de la charla casual.

Hemos cimentado ya las bases para una maestría en la charla casual, y qué valor posee para tu experiencia. Ahora estudiaremos algunas buenas prácticas que te ayudarán a mejorar tus habilidades conversacionales.

Las prácticas que descubrirás debajo no son ideas de aplicar y olvidar. Son ideas que deberías de poner en práctica una y otra vez, hasta que se vuelvan parte de ti. Siempre puedes volver a este capítulo cuando lo necesites, si sientes que es necesario incrementar tus habilidades de charla casual.

Piensa en estas ideas como en hábitos que formarán parte de ti tras hacerlos de manera consciente. Nadie nace con una habilidad excelente de charla casual; todos debemos aprenderla y confiar en que mientras más lo intentamos, mejores nos volvemos en ella.

1. Enfrenta tus miedos.

Los introvertidos no son los únicos que tienen problemas con la charla casual pues, en realidad, es intimidante para cualquiera. Sin embargo, debido a lo importante que es, debemos aprender cómo hacerla funcionar: el primer paso para lograrlo, es enfrentando nuestros miedos.

Debes encontrar la causa que hace que odies la charla casual y después, debes querer vencerla. Puede ser que quizás no te hayas sentido cómodo alrededor de extraños. ¿Si este fuera tu caso? ¡Pues pasas más tiempo con gente que no conoces!

Cuando enfrentas tus miedos, ¡éstos dejan de limitarte!

2. Apóyate con un amigo.

Trabaja de cerca con un amigo en el que confíes para dominar el arte de la charla casual. Así te sentirás cómodo. Conversen sobre una gran variedad de temas: el clima, las vacaciones, la comida, etc.

Hazlo siempre que tengas oportunidad y te darás cuenta que vas ganando destreza con cada ocasión. Hablar con un amigo te ayudará también con la cuestión del nerviosismo y la ansiedad que te causa la charla casual.

3. Haz preguntas.

Cuando tienes el hábito de hacer preguntas, harás lo mismo en las charlas casuales. Si llegas a un nuevo lugar muy diferente, esto te ayudará a ganar en autoconfianza.

Sin importar dónde estés (grupos grandes o pequeños o en una conversación de uno a uno), si haces las preguntas correctas, desarrollarás tus habilidades. Las preguntas te sirven para moverte de una conversación superficial a una en donde puede prosperar una relación.

4. Mentalízate.

En tu mente radica el éxito o el fracaso de la charla casual. Si piensas que no podrás hacer charla casual debido a errores pasados, no importa lo mucho que practiques. Seguirás teniendo dificultades.

¡Así que piensa que podrás hacerlo! No permitas que los errores del pasado se interpongan en tu actual objetivo. Antes de que vayas a un evento, mentalízate de que harás charla casual y asegúrate que, sin importar con quién hables, tendrás éxito.

5. Conviértelo en un juego.

A veces, para dominar un concepto, tienes que jugar con él para apropiarlo por medio del disfrute. Piensa en la charla casual como en algo divertido, comprométete a hacerlo con alguien nuevo durante una hora, y aprende algo sobre ellos.

Tu mente experimentará un cambio y entre más te involucres en este juego tuyo, más naturalmente te saldrá la charla casual. Concédete puntos cada vez que lo hagas bien y prepara así tu próximo éxito. Te volverás mucho mejor.

6. ¡Sé tu mismo!

No compitas contra esa persona en la oficina que es buenísima en la charla casual, solo porque piensas que él/ella son mejor que tú. No leíste este libro solo para que ahora te pongas a imitar a alguien, ¿cierto?

Has leído este libro para empoderarte a ti mismo, y lo has logrado. ¿Qué sigue? Debes ser auténtico. No finjas un acento únicamente para que la otra persona se identifique contigo. Todo lo que debes hacer, es ser tú mismo. ¡Sé original y excelente!

7. **Baja tus expectativas.**

Has leído este libro, para prepararte en las futuras charlas casuales. Otras personas no tienen acceso a este tipo de publicaciones, por lo que aún lidiarán con ciertos desafíos conversacionales.

No será bueno si solo te pones a hablar con ellos para compararte. Minimiza tus expectativas sobre otros y fluye con la corriente de la charla.

No hagas que se sientan más torpes riéndote de sus errores o abandonando la conversación porque no pueden mantener tu ritmo y no son interesantes. Mantén al mínimo tus expectativas y, ganarás dominio de la charla casual.

8. **No te quedes a un lado.**

Estar al margen significa quedarse al lado de alguien mientras permaneces detrás, escondiéndote. No lo hagas. Eres demasiado bueno como para quedarte al margen y has sido preparado para hacerlo mejor.

No seas el compañero ni el patito feo que nadie mira. No te refugies bajo la sombra de otra persona porque, cuando lo haces, no ganarás nunca en dominio. Quizás acompañaste a un amigo a un evento pero, puedes encontrar tu propio camino por el lugar y crear contactos con gente nueva.

9. **Toma responsabilidad del proceso.**

Debes tomar responsabilidad por el proceso conversacional siempre que estés hablando con alguien. Así que aprende a hacerte cargo de la charla casual. No culpes a la otra persona si algo sale mal, no lo atribuyas a algo que la persona dijo o hizo.

Para ganar en dominio de charla casual debes estar dispuesto a tomar responsabilidad. La responsabilidad te propulsará sobre raíles a que des lo mejor de ti, y a que utilices todo lo que has aprendido en este libro.

10. No dejes de practicar.

Sobre todo, ¡nunca dejes de practicar! Hoy en día, yo todavía le saco partido a las ventajas de la charla casual pues sigo practicando para varios escenarios. Cuando practicas lo suficiente te vuelves seguro de ti mismo, y esto te empodera a que establezcas el tono de tus conversaciones.

La práctica consistente es la clave para dominar el arte de la charla casual. Con las ideas compartidas en este capítulo podrás descansar tranquilo sabiendo que estás en vías de convertirte en un experto.

¡Pero que momento! Por fin hemos llegado al final de este fantástico viaje, y se siente fenomenal. Has sido un buen compañero y creo que te mereces una palmada en la espalda. Redondeemos este viaje con una conclusión que te impulsará a la acción.

PALABRAS FINALES

¡Ahora ya sabes qué decir después de un hola!

El mensaje clave de este libro está en que puedes hacer charla casual, mientras construyes unas mejores relaciones. Empezamos este viaje analizando las razones por las que las personas se encuentran en problemas cuando se trata de hablar con extraños. Miedo, ansiedad y timidez fueron algunos de los elementos que discutimos, y a los que después dimos soluciones.

Este libro te ha enseñado la definición de charla casual como parte cimental del discurso, y cómo es que puedes vencer la timidez. Has desenterrado el valor del código de la habilidad social mientras ganabas en conocimiento sobre el concepto de la comunicación no verbal.

Saber qué viene después de un hola es crucial para el éxito de la charla casual. No te sentirás atrapado mientras comunicas porque ahora sabes cómo mantener conversaciones.

Planear una salida elegante es también importante pues, aunque quieras terminar la charla, también quieres ser recordado como alguien memorable. Por lo tanto, has aumentado tu nivel de sabiduría en el arte de la charla casual. Esta es la más grande lección que puedes obtener aquí.

Desde el inicio te prometí que disfrutarías el proceso, que te volverías un entusiasta de la charla casual. Espero que esto sea verdad. Sin embargo, debo afirmar que el provecho obtenido de este texto, creo yo, está más allá de mí pues dependerá de ti.

La solución que te mencioné al principio, podríamos encapsularla en una sola palabra: "disfruta." Si te has divertido con la lectura, seguro también disfrutarás las charlas casuales y esto contribuirá a tu bienestar diario. Lo diré de nuevo: la perfección es enemiga de lo bueno. No esperes ser un maestro apenas termines este libro. Búscalo, lucha por ello. Después aprende a dejarlo ir y aprecia que eres lo suficientemente bueno.

Verás progreso si practicas. Esto no es magia, recuérdalo. Es un proceso. Involúcrate para que se involucre contigo. Con el tiempo mejorarás.

La presión pavimentará tu camino a la decepción, y ese no es el espíritu de este libro. Quiero que estés cómodo y relajado sabiendo que la práctica te hará un maestro.

No obstante, hay una cosa importantísima en este libro. ¿Qué crees que será?

Es esto: puedes hacer charla casual con quien sea, donde sea. Quiero que esta idea sea palpable para ti; debería estar en tu mente todo el tiempo, así que estáte preparado. Recuerda esto cuando estés en una fiesta preguntándote a ti mismo si podrás hablar con la persona de al lado.

Puedes iniciar charlas casuales con personas que acabas de conocer. Puedes hacerlo sin miedo a lo desconocido. Estás listo para construir nuevas amistades con personas que agregarán color a tu mundo.

La charla casual es una parte integral de la vida cotidiana. Es fácil si la tomamos como algo irrelevante o que te llevará a ninguna parte. Pero la verdad es que contribuye a tu bienestar y felicidad. Podrías perderte de conocer a tu alma gemela si tienes miedo de la charla casual. ¡Sí, de tu alma gemela!

Ten presente que los principios de los que hablamos en este libro no solo aplican para las interacciones cara a cara. Esta es la era digital, y mucha de tu comunicación podría suceder por medios electrónicos en línea. En Facebook, el correo, Instagram, YouTube, Snapchat, Kik, WhatsApp, por mensajes de texto, etc., se socializa como si nada. Con ayuda de estas aplicaciones podrás llenarte de confianza para dominar el arte de conversar con otros.

Estamos concluyendo este viaje y quiero reiterar la importancia de la confianza. Necesitas construirla porque así reducirás el impacto de los pensamientos negativos. Estos últimos no contienen la realidad, como tú pudieras creer. Cuando piensas en positivo, te emocionas por conocer personas y por aprender cosas nuevas de ellos.

Esta positividad se tornará en autoconfianza porque estarás en un estado mental genial y óptimo para las interacciones sociales. No te preocupes por resultar aburrido, eres una persona valiosa que tiene un punto de vista particular y una forma única de decirlo. Las personas con las que hablas podrían ser tan tímidas como tú, así que, ¿por qué no sacarle el mejor partido a la situación?

Cuando te sientas nervioso o ansioso al conocer personas, emociónate por el encuentro y visualiza una charla exitosa. La felicidad invertirá a positivo tu temor cuando lleves la voz cantante al interactuar, interesarte y aprender cosas nuevas.

Que este libro termine aquí no significa que no puedo darte más consejos para tu éxito. Quiero que salgas al mundo sintiéndote empoderado y listo para hablar con pasión.

Te doy otra gran idea: trata de ver las cosas desde un punto de vista más racional y estoico. Todos, cuando nos ponemos los pantalones, empezamos por una pierna. Así que no te presiones. Enfócate en el presente cuando converses, evita estancarte en tu pasada torpeza o en los *"y si hubiera"* y demás miedos irracionales.

Obtendrás más con la práctica si la ejerces en entornos que te sean familiares. No inicies tu entrenamiento en eventos sociales en los que no estés interesado. Mejor quédate en las aguas por las que sepas navegar con facilidad. Se trata de que disfrutes y te diviertas con este proceso. Así que pregúntate, ¿cuáles son mis intereses? ¿En qué creo? Estas preguntas te ayudarán a que cultives relaciones con gente afín a ti.

Piensa en nuestro discurso del modelo de los cuatro lados, pues así tendrás presente que la afirmación de una persona puede significar cosas distintas. El mensaje, recuerda, se compone de esta manera:

1. Información Factual: el deseo de declarar información exacta.
2. Intención: apelar a ti o pedir una instrucción o consejos.
3. Relación: Referirse a un aspecto de la relación existente entre remitente y receptor.
4. Autodivulgación: revelar algo sobre sí mismos (motivos, valores, emociones/aversiones, etc.)

No te olvides de interpretar las señales no verbales o el lenguaje corporal de las personas con las que interactúes. Presta atención a los ojos, gestos, expresiones faciales, tono de voz y postura. También recuerda que deberías de relajar tu lenguaje corporal cuando converses, para que tu comunicación no sea percibida como agresiva.

Busca brindar una experiencia positiva para ti y la otra persona. Sonríe más, siéntate derecho y muestra entusiasmo (esto es importante). ¿A que no disfrutarás una charla con alguien que luce aburrido? ¡Pues claro que no!

Además del entusiasmo, interésate en lo que estén diciéndote por medio de una escucha empática. Sé un participante activo, positivo, amistoso y cálido. Sé esa persona con la que todos quieren conectar.

Otra manera de mantener activa la charla, es haciendo preguntas abiertas. Las preguntas sobre el clima no son abiertas, son cerradas y no te llevarán a emocionantes discusiones. Evita también los temas controversiales que puedan desembocar en apasionados estallidos emocionales (de allí que no hablemos de política u otros problemas en las charlas casuales).

Por favor no te confundas. Te daré un consejo que te permitirá ser más equilibrado: cíñete a un iniciador de conversación que tenga que ver con el evento, lugar u ocasión. Habla sobre la decoración, los colores, el objetivo del juego, la organización, etc. Así estarás a salvo y seguirás siendo alguien interesante con quién hablar.

Habla sobre los pasatiempos, qué trajo a tu conocido al evento, de dónde conoce al anfitrión. Estos temas establecerán una conversación fascinante entre los dos. De antemano prepara iniciadores de conversación para librarte de futuro estrés, de esa manera estarás preparado para cualquier cosa. No te concentres únicamente en el cuerpo de la conversación y no te olvides de terminarla bien. Si vuelven a encontrarse, podrán retomar el hilo.

Si eres proactivo con la continuidad de mensajes, envía un mensaje de texto de seguimiento después de que hagas la conexión. Gracias a este seguimiento adecuado podrás construir nuevas y duraderas relaciones en una era digital.

Hemos compartido mucho hasta aquí, ¡espero que estés envalentonado y listo! Siéntete orgulloso de poner en práctica el conocimiento adquirido porque, piénsalo, ¿de qué te sirve la información si no la pones en práctica?

Esta debería ser tu formula de aquí en adelante: ¡LEE = INTERNALIZA= EJECUTA= REPITE!

Mis mejores deseos.

REFERENCIAS

English Club, (2019) *Small Talk Practice 2: At the office* Recuperado el 4 de noviembre del 2019, de https://www.englishclub.com/speaking/small-talk_practice2office.htm Bridges, F. (25 de abril de 2019) *What to Say After "Hello"*. Recuperado el 4 de noviembre de 2019, de https://www.nicknotas.com/blog/what-to-say-after-hello/

Frost, A. (24 de julio de 2019) *The Ultimate Guide to Small Talk: Conversation Starters, Powerful Questions, & More*. Recuperado el 4 de noviembre de 2019, de https://blog.hubspot.com/sales/small-talk-guide

Callahan, J. (31 de mayo de 2018) *10 Nonverbal Cues That Convey Confidence at Work*. Recuperado de https://www.forbes.com/sites/jacquelynsmith/2013/03/11/10-nonverbal-cues-that-convey-confidence-at-work/#1f5b763f5e13

Smith, J. (11 de marzo de 2013) *Stop overthinking and Never Run Out of Things To say*. Recuperado el 4 de noviembre de 2019, de https://goodmenproject.com/featured-content/stop-overthinking-never-run-out-things-say-lbkr/

Schiffer, V. (19 de junio de 2019) *The Art of Misunderstanding & The 4 Sides Model of Communication*. Recuperado el 4 de noviembre de 2019, de https://www.medium.com/seek-blog/the-art-of-misunderstanding-and-the-4-sides-model-of-communication-7188408457ba

Amintro, (30 de julio de 2019) *The Art of small talk: how to start and keep a conversation going*. Recuperado el 4 de noviembre de 2019, de https://www.amintro.com/life/art-small-talk-start-keep-conversation-going/

Hertzberg, K. (20 de junio de 2017) *Small Talk 101 for Shy People in the Office*. Recuperado el 4 de noviembre de 2019, de https://www.grammarly.com/blog/small-talk-tips-for-introverts/

Eduard. (30 de abril de 2012) *The Best Conversation Starters* Recuperado el 4 de noviembre de 2019, de http://conversation-starters.com/

Khuu, C. (8 de octubre de 2018) *15 Tips to Get Better at Small Talk*. Recuperado el 4 de noviembre de 2019, de https://www.success.com/15-tips-to-get-better-at-small-talk/

The Art of Small Talk. Body language. Recuperado el 4 de noviembre de 2019, de https://www.the-art-of-small-talk.com/bodylanguage.html

Sedghi, A. (11 de febrero de 2019) *37 Conversation Starters that make You Instantly Interesting*. Recuperado el 4 de noviembre de 2019, de https://www.readersdigest.ca/health/relationships/interesting-conversation-starters/

Johnson, P. (11 de agosto de 2016) *7 Ways to Make a Big Impression with Small Talk*. Recuperado el 4 de noviembre de 2019, de https://www.heysigmund.com/7-ways-to-make-a-big-impression-with-small-talk

Hey, S. (2019) *Small Talk Practice 2: At the Office*. Recuperado el 4 de noviembre de 2019, de https://www.englishclub.com/speaking/small-talk_practice2office.htm

How To Be Better At Small Talk. Recuperado el 4 de noviembre de 2019, de https://www.forbes.com/sites/francesbridges/2019/04/25/how-to-be-better-at-small-talk/#318291135ca5

Holiday, R., Hanselman, S. (2016) *Small Talk for Big Sales*. Recuperado el 4 de noviembre de 2019, de https://www.sellingpower.com/2010/02/02/8361/small-talk-for-big-sales

Craig, B. (2010) *Keep Conversations Flowing With the FORD Method*. Recuperado el 4 de noviembre de 2019, de https://curiosity.com/topics/keep-conversations-flowing-with-the-ford-method-curiosity/

Ashley, H. (8 de febrero de 2018) *Stop Overthinking and Never Run Out of Things To Say*. Recuperado el 4 de noviembre de 2019, de https://goodmenproject.com/featured-content/stop-overthinking-never-run-out-things-say-lbkr/

Jeff, C. (2018, May 31).

¡TU REGALO GRATIS ESTÁ AQUÍ!

Gracias por comprar este libro. Como un obsequio y suplemento para potenciar tus nuevos aprendizajes y tu viaje de desarrollo personal, recibirás este folleto de regalo y es completamente gratuito.

El regalo incluye- como ya lo anuncié en este libro- un valioso recurso de prácticas ideas y sencilla composición que te ayudará a que domines tu propia rutina de calma y seguridad para tu día a día.

El folleto te proveerá de poderosos conocimiento sobre:

- Cómo formar hábitos empoderadores que cambiarán tu vida.
- Cómo direccionar tu propio Poder de 3.
- Las 3 cosas que necesitas para cambiar cómo te sientes contigo mismo y en tu vida.
- Cómo incentivar tu autoconocimiento y autoestima.
- Cómo crear un bucle de retroalimentación positiva diaria.

Recuerda que un único paso puede cambiar tu vida.

¿Qué pasa si puedes dar un paso adelante cada día, en la dirección en la que quieres ir?

Puedes obtener tu folleto extra de esta manera:

Para acceder a la página de descarga secreta, abre una página de navegador en tu computador o teléfono inteligente, y entra a **bonus.gerardshaw.com**

Serás automáticamente dirigido a la página de descarga.

Por favor ten en cuenta que este folleto sólo estará disponible para descarga por un tiempo limitado.

¡No te lo pierdas! Haz clic en este mismo momento y descárgalo hoy mismo.

www.ingramcontent.com/pod-product-compliance
Lightning Source LLC
Chambersburg PA
CBHW071353080526
44587CB00017B/3093